Reclam Literaturunterricht

Sachanalysen. Stundenverläufe. Arbeitsblätter

Gottfried Keller
Kleider machen Leute

Von Barbara Häckl

Reclam

Abkürzungen und Symbole

EA Einzelarbeit
PA Partnerarbeit
GA Gruppenarbeit
UG Unterrichtsgespräch

* Kennzeichnung eines zusätzlichen Arbeitsauftrags, Arbeitsblatts bzw. Unterrichtsschritts (für Binnendifferenzierung)
HA Hausaufgabe

Verweis auf die zugehörige Ausgabe:
Gottfried Keller: Kleider machen Leute. Hrsg. von Wolfgang Pütz. Stuttgart: Reclam, 2024. (Reclam XL. Text und Kontext. 16125.)
Stellenangaben mit Seiten- (und Zeilen)zähler beziehen sich auf diese Ausgabe.

Code für editierbare Arbeitsblätter und Vorlagen

Alle für den Unterricht benötigten *Arbeitsblätter* und *Vorlagen* (Bilder und Texte) sind digital auf der Webseite **www.reclam.de/lehrer_keller_kleider** zum Download verfügbar. Bitte geben Sie folgenden Code ein:

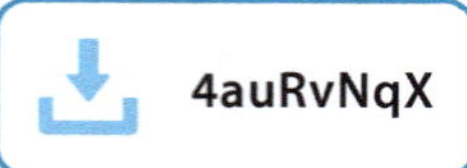

Reihenkonzept: Max Kämper

Reclam Literaturunterricht | Nr. 15803
2019 Philipp Reclam jun. Verlag GmbH,
Siemensstraße 32, 71254 Ditzingen
Druck und Bindung: Esser printSolutions GmbH,
Untere Sonnenstraße 5, 84030 Ergolding
Printed in Germany 2024
RECLAM ist eine eingetragene Marke
der Philipp Reclam jun. GmbH & Co. KG, Stuttgart
ISBN 978-3-15-015803-6

www.reclam.de

Inhalt

Vorbemerkung

Die Beliebtheit von Gottfried Kellers 1873 erschienener Novelle *Kleider machen Leute* als Schullektüre resultiert nicht zuletzt daraus, dass sie Identifikationsangebote für Jugendliche bereithält. Nach wie vor ist die Aktualität des in der Novelle thematisierten literarischen Stoffes gegeben: Die Relevanz des äußeren Erscheinungsbildes für die persönliche Meinungsbildung ist heute wie damals hoch und trägt entscheidend bei zum Ruf und Erfolg des Einzelnen. Die von Keller vorgenommene Kritik an solch oberflächlicher Betrachtungsweise bietet den Jugendlichen Orientierungsmöglichkeiten für die eigene Persönlichkeitsentwicklung sowohl in der Eigendarstellung als auch in ihrer Art und Weise, andere einzuschätzen und zu behandeln.

Die vorliegende Unterrichtseinheit zu Gottfried Kellers *Kleider machen Leute* ist gedacht für den Unterricht in der Mittelstufe. Daher soll es weniger darum gehen, vertiefte literaturhistorische Erkenntnisse zu vermitteln, sondern vielmehr darum, die Schülerinnen und Schüler zum Umgang mit auch älterer Literatur zu animieren. Aus diesem Grund werden zahlreiche kreative Aufgaben vorgeschlagen, die dazu beitragen, Freude am Umgang mit Literatur zu entwickeln. Gleichzeitig steht im Vordergrund der Handreichung eine Verknüpfung der Literatur mit kompetenzorientiertem Handeln sowie der Schaffung von Lebensbezug, wie von vielen Lehrplänen gefordert. Die einzelnen Unterrichtssequenzen beinhalten deshalb in der Regel die Verbindung unterschiedlicher Lernbereiche, so dass im Rahmen der Lektüre gleichzeitig wesentliche schriftliche und mündliche Prüfungsformate erarbeitet werden können. Durch diese Form des kompetenzorientierten, lernbereichsintegrativen und kreativen Arbeitens wird die ausführliche Beschäftigung mit einer längeren Lektüre zielführend und gewinnbringend für die Schülerinnen und Schüler. Die einzelnen Unterrichtsbeispiele sind stets für Doppelstunden gedacht. Die Arbeitsergebnisse können gesammelt ein Leseportfolio ergeben, also eine Mappe zum Buch.

Benutzungshinweise

Der Band enthält neun aufeinander aufbauende Unterrichtsstunden und zwei Klausuraufgaben mit Lösungshinweisen.

Jeder Entwurf einer Unterrichtsstunde besteht aus zwei Teilen:
- **Sachanalyse** mit einem praxisorientierten, auf den Unterrichtsverlauf bezogenen Interpretationsangebot
- **Unterrichtsverlauf** mit (a) kurzem Überblick über Thema und Ziel, (b) den Unterrichtsschritten in tabellarischer Übersicht und (c) ausführlichen Erläuterungen zu den einzelnen Unterrichtsschritten

Jede Unterrichtsstunde bietet alle für den Unterricht benötigten Materialien:
- kopierfähige **Arbeitsblätter** (ggf. mit Lösungsvorschlägen im Anhang)
- **Vorlagen** (Bilder oder Texte)
- **Tafelbilder** (Vorschläge für die mediale Präsentation)

Die Unterrichtsstunden enthalten an allen geeigneten Stellen Hinweise für
- einen möglichen **verkürzten Verlauf** (als **fakultativ** gekennzeichnete Unterrichtsschritte)
- eine mögliche **Binnendifferenzierung** (die entsprechenden Arbeitsaufträge auf erhöhtem Niveau sind mit einem Asterisk * gekennzeichnet)

Textgrundlage ist die Ausgabe:

Gottfried Keller: Kleider machen Leute. Hrsg. von Wolfgang Pütz. Stuttgart: Reclam, 2024. (Reclam XL. Text und Kontext. 16125.)

Hinweis: Die Reihe *Reclam Literaturunterricht* achtet auf gendergerechte Sprache. Aus Gründen der Lesbarkeit wird in seltenen Fällen davon abgewichen, immer sind aber alle Geschlechter gemeint.

1 Den Titel *Kleider machen Leute* verstehen

Sachanalyse

Der Titel von Gottfried Kellers Novelle *Kleider machen Leute* ist sprechend. Er steht gewissermaßen als Motto über der gesamten Erzählung und »zitiert eine sprichwörtliche Redensart aus Friedrich Logaus ›Sinngedichten‹ […], die möglicherweise eine Übersetzung der lateinischen Redensart ›vestis virum reddit‹ ist, die wiederum Erasmus von Rotterdam erwähnt (›Adagia‹, 3,1,60)«.[1] Keller erfindet dieses Sprichwort also nicht neu, es ist zu seiner Zeit bereits ein geflügeltes Wort.

Sprichwörter sind in einer Kultur allgemein bekannte Sätze, die meist Lebensweisheiten thematisieren, deren Inhalt in der Regel gesellschaftlich anerkannt ist. Sprachlich besteht die Formulierung von Sprichwörtern häufig aus Metaphern, die ›übersetzt‹ werden müssen in ihre tatsächliche Bedeutung in der jeweiligen Situation. So ist das auch hier. Dabei werden in Kellers Novelle beide Seiten des Sprichwortes *Kleider machen Leute* aufgegriffen: die eine, die verdeutlicht, dass Menschen sich durch das Äußere leicht täuschen lassen (wollen), sowie die andere, die besagt, dass man durch das Achten auf das eigene Aussehen Ansehen in gesellschaftlichen Kreisen finden kann.

Wenzel Strapinski, der (Anti-)Held der Novelle und von Berufs wegen einfacher Schneidergeselle, trägt neben seinem »Sonntagskleide« (3,18) einen »weiten dunkelgrauen Radmantel« (3,19 f.) und eine »polnische[ ] Pelzmütze« (3,31), beides Zeichen für große Vornehmheit. Davon lassen sich die Mitglieder der Goldacher Gesellschaft nur zu gern blenden; sie halten den armen Schneider für einen Grafen. Alle Verhaltensweisen Strapinskis werden entsprechend dem Bild, das sich die führenden Herren/Geschäftsleute der Goldacher Gesellschaft machen möchten, umgedeutet und passend gemacht.

Keller übt hiermit Gesellschaftskritik am oberflächlichen Verhalten der bürgerlichen Gesellschaft, die sich von Äußerlichkeiten beeinflussen lässt, jedoch Hintergründe für Handlungsweisen nicht eruieren möchte.[2] Dies ist eine Thematik, die bis heute nicht an Aktualität eingebüßt hat. Und auch Wenzel, der anfangs mehr zufällig und unbewusst in diese Art des Umgangs gefunden hat, wird zum Mitspieler, als er zum Ende der Novelle hin seine eigene Schneiderwerkstatt unterhält und die Seldwyler mit immer »neue[n], noch schönere[n] Sachen« (57,29) versorgt und somit selbst Teil des kapitalistischen Systems wird, was die Seldwyler nur zu gern annehmen, wenngleich sie auf der anderen Seite darüber klagen.

Doch nicht nur im inhaltlichen Erzählstrang verdeutlicht Keller im Verlauf seiner Novelle das Sprichwort, sondern er spielt auch sprachlich damit, indem er z.B. die Seldwyler Gesellschaft bei ihrem Fastnachtsumzug Wagen mit der Aufschrift »Leute machen Kleider« als Anspielung auf den Schneiderberuf mitführen lässt (33,35).

Möglicherweise orientierte sich Keller für sein Motiv des Schneiders, der zum Grafen wird, an literarischen Vorlagen wie Ludwig Tiecks Erzählung *Leben des berühmten Kaisers Abraham Tonelli*[3], Wilhelm Hauffs Märchen *Vom falschen Prinzen*[4] oder dessen Roman *Der Mann im Mond*, am historisch belegten Vorfall des polnischen Grafen Sobansky[5] und anderen realen Vorfällen vom Auftreten falscher Aristokraten, die sich zur Lebenszeit Kellers in der Schweiz ereigneten[6], oder an eigenen Erlebnissen während seiner Berufstätigkeit als Staatsschreiber im Zusammenhang mit der Unterstützung Polens durch die Schweiz.[7] Ein anderes Vorbild für die Figur des Wenzel Strapinski könnte das Märchen *Das tapfere Schneiderlein* aus der Sammlung der Gebrüder Grimm sein.[8] Auch generell »fällt auf, daß spätestens von der Romantik an der aus seinen sozialen Schranken ausbrechende und gesellschaftlich aufsteigende Schneider die Literatur beschäftigt, wobei eben davon ausgegangen wird, daß der Schneider aufgrund seines Umgangs mit Auftraggebern aus höheren gesellschaftlichen Schichten und seiner vom Beruf erforderten Vertrautheit mit den Kleiderreglements und den Umgangsnormen der ›besseren‹ Gesellschaft Aufstiegsambitionen entwickelt, die er sehr oft mit hochstaplerischen und eben auf-›schneiderischen‹ Mitteln zu realisieren sucht.«[9]

1 Rolf Selbmann, *Erläuterungen und Dokumente: Gottfried Keller, »Kleider machen Leute«*, Stuttgart 2004, S. 4.
2 Vgl. Wilhelm Große, *Modelle zum Umgang mit der Novelle im Deutschunterricht der Sekundarstufe I und II. E. T. A. Hoffmanns »Das Fräulein von Scuderi« und Gottfried Kellers »Kleider machen Leute«*, Mainz 1983, S. 57.
3 Vgl. Klaus Jeziorkowski, *Gottfried Keller. »Kleider machen Leute«. Text, Materialien, Kommentar*, München 1984, S. 64.
4 Vgl. ebd., S. 67.
5 Vgl. Wüst nach Selbmann (Anm. 1), S. 39 f.
6 Vgl. Jeziorkowski (Anm. 3), S. 89 f.
7 Vgl. Selbmann (Anm. 1), S. 50.
8 Vgl. Jeziorkowski (Anm. 3), S. 61 ff.
9 Ebd.

Unterrichtsverlauf

Überblick. Anhand des Titels der Novelle aktivieren die Schülerinnen und Schüler ihr Vorwissen zum Sprichwort »Kleider machen Leute« und bilden sich aktiv eine eigene Meinung dazu. Durch die aktuelle Hinführung sowie die Auseinandersetzung in der Diskussion wird den Schülerinnen und Schülern bewusst, dass das Thema der Novelle längst nicht veraltet ist, sondern ihren eigenen Lebensbereich betrifft. Zudem werden sie vertraut mit dem Vorgehen beim mündlichen Argumentieren. ! **Verkürzter Verlauf: 1.1 – 1.2 – 1.3 – 1.4**

Phase	Thema	Sozialform	Kompetenzen und Lernziele	Materialien
Voraussetzungen: keine				
1.1	Einstieg: Youtube-Video	UG	• Interesse für das Thema entwickeln	Video (online)
1.2	Sammeln von Assoziationen	UG	• Vorwissen aktivieren • Cluster erstellen	TAFELBILD 1 ➤ S. 7 ARBEITSBLATT 1a ➤ S. 10
1.3	Planen der mündlichen Argumentation	PA	• Argumente sammeln	ARBEITSBLATT 1b ➤ S. 11 ARBEITSBLATT 1c ➤ S. 12
1.4	Abstimmung – Verdeutlichen der eigenen Meinung	UG	• Sich für eine Seite entscheiden	
1.5 **fakultativ**	Durchführung einer Diskussion zum Thema	UG	• Argumente mündlich formulieren und auf Gegenargumente eingehen bzw. aktiv Diskutanten beurteilen	ARBEITSBLATT 1d ➤ S. 13 ARBEITSBLATT 1e ➤ S. 14
*1.6 **fakultativ**	Umsetzen von Assoziationen zum Thema im Bild	EA	• Eigene Gedanken in ein Bild bringen	ARBEITSBLATT 1a ➤ S. 10
HA	Erstellen einer Studie oder von Interviews zum Thema			

Diese Einführung in die Unterrichtseinheit erfolgt ohne Textkenntnis der Novelle, ggf. sogar, ohne dass die Schülerinnen und Schüler wissen, dass diese gelesen werden soll. Dies dient vor allem der vorherigen gedanklichen Einordnung des Novellenthemas und damit der Entlastung, da die Novelle sprachlich für einige Schülerinnen und Schüler möglicherweise schwer zu verstehen ist.

Im Verlauf der Unterrichtssequenz sollen die Schülerinnen und Schüler ein individuelles Leseportfolio zur Novelle *Kleider machen Leute* erstellen, indem die im Folgenden aufgeführten Arbeitsblätter nacheinander ausgefüllt und in einen Ordner geheftet werden. Dabei geschieht die Lektüre der Novelle fast immer in häuslicher Vorarbeit, nur in seltenen Fällen im Unterricht selbst.

1.1 Einstieg: Youtube-Video

UG

Video (online)

Unterrichtsschritt. Es gibt einige kurze Youtube-Videos, die sich als Einstieg in das Unterrichtsthema eignen. Dazu gehört das Lied *Kleider machen Leute* von Ben, ein Rapsong, der unterschiedliche Modemarken thematisiert, und schließlich im Refrain zum Ergebnis kommt: »Hört auf, euch klein zu machen wegen Anziehsachen, denn nackt sehen wir fast alle gleich aus« (youtu.be/yMmx6XfY9og). Hier findet man den Text: www.songtexte.com/songtext/ben/kleider-machen-leute-4380b7bb.html (Stand: 14.8.2019).

Eine andere Möglichkeit wäre ein Einstieg über ein Video mit einer Umfrage zum Thema *Kleider machen Leute* (youtu.be/Ji105BWBKr4, Stand: 14.8.2019). Dabei kann auch nur ein Teil des Filmausschnitts betrachtet werden.

1.2 Sammeln von Assoziationen

Unterrichtsschritt. Im nächsten Unterrichtsschritt erfolgt die vor dem Lesen anzuwendende Lesestrategie des Aktivierens von Vorwissen zum Titel des zu lesenden Textes. Dabei wird zunächst von der Lehrkraft das Sprichwort »Kleider machen Leute« in die Mitte der Tafel geschrieben; in der Folge sammeln die Schülerinnen und Schüler im Plenum ihre Assoziationen dazu, die clusterartig im TAFELBILD 1 festgehalten werden. Die Ergebnisse übertragen die Schülerinnen und Schüler auf ihr ARBEITSBLATT 1a ***Titelblatt Leseportfolio***.

UG

TAFELBILD 1 ➤ S. 7

ARBEITSBLATT 1a ➤ S. 10

Leitfragen:

1. Was sagt der Satz »Kleider machen Leute« aus?
2. Welche Assoziationen hast du, wenn du diesen Satz liest? Was fällt dir zu dem Satz ein?
3. Was könnte dieser Satz für dein Leben bedeuten oder was bedeutet er in deinem Leben?

Erläuterungen zur Vorgehensweise. Den Schülerinnen und Schülern sollte klar werden, dass auch in der Peer-Group ein gewisser Kleidungsdruck herrscht, und ggf. auch, dass das Thema eine wichtige Rolle spielt im Hinblick auf Bewerbungen, die möglicherweise bei einigen Schülerinnen und Schülern gegen Ende der Mittelstufe bereits anstehen. Letztlich sollten sie verstanden haben, dass die ›Übersetzung‹ der Metapher im Prinzip bedeutet, dass in vielen Situationen die Wirkung oder Ausstrahlung einer Person von deren äußerem Erscheinungsbild abhängt.

Zur Methodik: Bei der Clustererstellung ist es möglich, dass die Schülerinnen und Schüler selbständig an die Tafel kommen und ihre Gedanken dort notieren, oder die Lehrkraft macht das. Mit dem Cluster erlernen die Schülerinnen und Schüler eine Methode, ihre Gedanken in eine Form zu fassen. Es ist nicht wichtig, dass alle im TAFELBILD 1 vorliegenden Möglichkeiten gefunden werden. Eventuell finden die Schülerinnen und Schüler weitere Interpretationen, die natürlich dann in das eigene Tafelbild aufgenommen werden sollen.

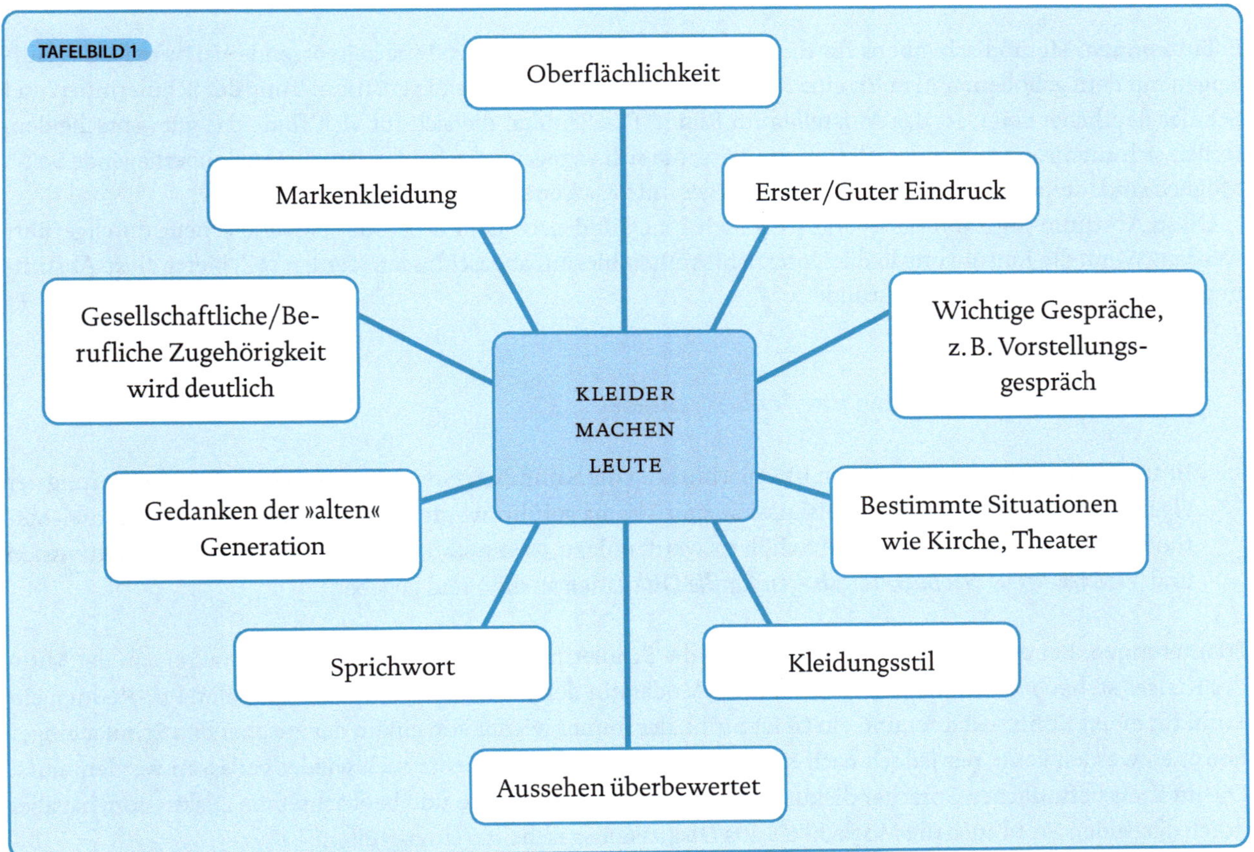

1.3 Planen der mündlichen Argumentation

PA

ARBEITSBLATT 1b
➤ S. 11
ARBEITSBLATT 1c
➤ S. 12
Lösungshinweise
➤ S. 100

Unterrichtsschritt. In einem Argumentations-Speeddating sammeln die Schülerinnen und Schüler in der Planungsphase für die anschließende Diskussion Argumente, die das Thema »Kleider machen Leute – Findest du das gut?« betreffen, und kommen somit zu einer eigenen begründeten Meinung. Dabei setzen sie sich durch die vorgegebene Tabellenstruktur des ARBEITSBLATTS 1c ***Argumente für eine Diskussion sammeln (2)*** bereits mit dem Aufbau einer Argumentation auseinander. Die Lehrkraft erklärt anfangs die Methode und ordnet den Umbau der Tische für das Speeddating (s. u.) an. Der Arbeitsauftrag sowie Erläuterungen zum Aufbau einer Argumentation, die vor dem Beginn des Erarbeitens gemeinsam besprochen werden sollten, sind auf dem ARBEITSBLATT 1b ***Argumente für eine Diskussion sammeln (1)*** zu finden.

Erläuterungen zur Methodik. Beim Speeddating sitzen sich die Schülerinnen und Schüler direkt gegenüber, so dass jeder Schüler jeweils einen anderen frontal vor sich sitzen hat. Das Setting kann so aussehen, dass sich zwischen beiden Schülern jeweils ein Tisch befindet, damit sie leichter schreiben können. Optimal ist es, wenn alle Tische einen Kreis bilden. Nach einer gewissen Zeit, etwa 3–5 Minuten, innerhalb derer die Schülerinnen und Schüler gemeinsam Ideen sammeln können, ertönt ein Klingelton oder Gongschlag durch die Lehrkraft, wonach die eine Seite der Schüler aufsteht und einen Tisch weiter rückt. Somit erhalten die Schülerinnen und Schüler viele verschiedene Impulse durch ihre Mitschüler, die sie in ihre Ergebnisliste notieren können. Sollte es schwierig sein, die Tische im Klassenzimmer passend zu stellen, kann die Sammlung von Ergebnissen auch im Stehen im Kreis erfolgen in einem Innen- und Außenkreis, wobei sich die Schüler paarweise gegenüberstehen.

1.4 Abstimmung – Verdeutlichen der eigenen Seite

UG

Unterrichtsschritt. Die Schülerinnen und Schüler sollen sich anschließend über ihre Meinung zum Thema »Kleider machen Leute – Findest du das gut?« klar werden und sich für eine Seite entscheiden.

Erläuterungen. Methodisch gibt es für die Abstimmung zwei Varianten: Eine zeitsparende Variante ist das Aufzeigen mit dem gehobenen Arm für eine Seite. Eine zweite Variante, die die Positionierung der Schülerinnen und Schüler deutlicher zeigt, ist das Aufstellen im Raum. Die Schüler, die sich für »Ich finde das gut« entscheiden, stellen sich auf die eine Seite des Klassenzimmers; die sich dagegen entscheiden, auf die gegenüberliegende Seite. Möglich sind hierbei auch Abstufungen, die das gesamte Klassenzimmer einbeziehen.

Diese Abstimmung kann nach Unterrichtsschritt 1.5 und nach dem Lesen der Novelle erneut durchgeführt werden. Wenn die Einführung in die Unterrichtseinheit hiermit abgeschlossen werden soll, bietet diese Abstimmung eine gute Abrundung der Stunde.

1.5 Durchführen einer Diskussion zum Thema (fakultativ)

UG

ARBEITSBLATT 1d
➤ S. 13
ARBEITSBLATT 1e
➤ S. 14

Unterrichtsschritt. Fakultativ kann im Anschluss an die Sammlung von Argumenten und zur Vertiefung der eigenen Meinungsbildung eine Diskussion zum Thema geführt werden. Dabei bietet sich die Fishbowl-Methode an. Den Schülerinnen und Schülern werden dazu ARBEITSBLATT 1d ***»Rollenkarten« für die Diskussion*** und ARBEITSBLATT 1e ***Beobachtungsbogen für die Diskussion*** an die Hand gegeben.

Erläuterungen. Bei der Fishbowl-Methode sitzen die Schülerinnen und Schüler in einem Sitzkreis. In der Mitte des Kreises stehen vier Stühle: Ein Stuhl für den Moderator der Diskussion, ein Stuhl für einen Pro-Redner, ein Stuhl für einen Kontra-Redner und ein freier Stuhl, der immer wieder von einem der zusehenden Schüler eingenommen werden kann, der jedoch nach Kundgabe des eigenen Arguments auch wieder verlassen werden muss. Die im Kreis befindlichen Sprecher diskutieren, der Außenkreis sieht zu und beobachtet die Diskussion, hat aber durch den freien Stuhl auch die Möglichkeit, ins Diskussionsgeschehen einzugreifen.

Die Schülerinnen und Schüler erhalten »Rollenkarten« (ARBEITSBLATT 1d), auf denen erklärt ist, wie sich die jeweilige Person in der jeweiligen Position im Kreis zu verhalten hat. Diese Rollenkarten sollten im Vorfeld gemeinsam besprochen werden. An die Beobachter, die einen Großteil der Klasse ausmachen, werden die Beobachtungsbögen (ARBEITSBLATT 1e) verteilt. Dabei sollte jeder Schüler mindestens eine Person im Innenkreis beobachten und beurteilen, jedoch maximal zwei Personen, da sonst die Beobachtung sehr ungenau wird. Gegebenenfalls sollen auch die Schüler und Schülerinnen bewertet werden, die auf dem freien Stuhl Platz nehmen. Wenn möglich, wird nach Beendigung der Diskussion noch Zeit eingeplant, damit die Schülerinnen und Schüler den Diskutanten und dem Moderator eine Rückmeldung geben können. Wichtig hierbei ist, dass auf eine wertschätzende Rückmeldeatmosphäre geachtet wird. Das kann ermöglicht werden, indem Kritik grundsätzlich umformuliert werden muss in Tipps für ein besseres Handeln beim nächsten Mal. Zum Ende der Diskussion kann nochmals eine Abstimmung im Klassenverband erfolgen (siehe Unterrichtsschritt 1.4).

*1.6 Umsetzen von Assoziationen zum Thema im Bild (fakultativ)

Unterrichtsschritt. Zur Differenzierung bietet es sich an, eigene Gedanken zur Thematik »Kleider machen Leute« im Titelblatt des Leseportfolios (ARBEITSBLATT 1a ***Titelblatt Leseportfolio***, s. Unterrichtsschritt 1.2) als Bild fassen zu lassen. Die Art der Umsetzung kann durch das Zeichnen oder Ausmalen eines Bildes, einen kleinen Comic, eine Collage oder andere gestalterische Ausdrucksweisen geschehen und sollte den Schülerinnen und Schülern überlassen werden. Die Aufgabe kann nicht nur zur Differenzierung erfolgen, sondern ebenso als Puffer, falls am Ende der Unterrichtsstunde noch Zeit übrig sein sollte.

EA

ARBEITSBLATT 1a

➤ S. 10

Hausaufgabe: Erstellen einer Studie oder von Interviews zum Thema

Zur Sicherung des Unterrichtsstoffes erhalten die Schülerinnen und Schüler als Hausaufgabe den Arbeitsauftrag, eine kleine Studie durchzuführen. Dafür sollen sich die Schülerinnen und Schüler, evtl. in Partner- oder Gruppenarbeit, mindestens zwei unterschiedliche Kleidungsstile überlegen, sich entsprechend kleiden, und Passanten um Hilfe für etwas bitten. Dann sollen die Schülerinnen und Schüler notieren, wie die Passanten reagiert haben.

Sollte das für einige nicht umsetzbar sein, können alternativ Interviews mit Personen durchgeführt werden zum Thema: »Kleider machen Leute – was heißt das eigentlich?«. Die Ergebnisse werden stichpunktartig notiert oder evtl. mit der Handykamera gefilmt. Hierbei ist es wichtig, dass die Schülerinnen und Schüler vorher die Interviewpartner über das Filmen informieren und deren Zustimmung dafür einholen.

Wenn für diesen Einstieg in die Unterrichtssequenz zu Gottfried Kellers *Kleider machen Leute* noch Zeit übrig ist, kann diese kleine Studie bereits im Unterricht vorbereitet werden, indem die jeweiligen Kleidungsstile überlegt werden, sowie, wer evtl. in den Interviews befragt werden könnte, welche technischen Möglichkeiten bestehen etc.

ARBEITSBLATT 1a

Titelblatt

Meine Assoziation/en im Bild

Argumente für eine Diskussion sammeln (1)

Unser Thema

Kleider machen Leute – Findest du das gut?

Erläuterung zum Aufbau einer Argumentation

Willst du jemanden von etwas überzeugen, solltest du dir vor der Diskussion gut überlegen, welche Meinung du hast und welche Meinung möglicherweise dein Gegenüber haben könnte. Außerdem kannst du Begründungen für deine Meinung sammeln. Damit wird es dir leichter fallen, dich mit deinen Argumenten durchzusetzen.

BBB-Schema

Wenn du ein Argument nach dem BBB-Schema aufbaust, kannst du auf einfache Weise deinen Standpunkt verdeutlichen. Das BBB-Schema besteht aus den Schritten Behauptung, Begründung, Beispiel.

- In einer **Behauptung** sagst du ganz kurz, warum du für oder gegen etwas bist.
- In der **Begründung** erklärst du genau, warum du so denkst.
- Im **Beispiel** machst du nochmals an einem konkreten Fall klar, warum deine Behauptung stimmt.

Ein Muster zu einem anderen Thema (»Schuluniformen – Findest du das gut?«)

Behauptung: *Ich finde es gut, wenn Schuluniformen eingeführt werden, denn es stärkt das Zugehörigkeitsgefühl zur eigenen Schule.*

Begründung: *Mit Schuluniformen tragen alle Schüler einer Schule die gleiche Kleidung, z. B. blaue Hose und blauer Pullover mit einem Logo der Schule. Es ist damit leicht zu erkennen, zu welcher Schule man gehört. Durch die gleiche Kleidung entsteht Bewusstsein für die Zugehörigkeit zu einer bestimmten Schule und damit wird die Gruppenidentität gestärkt. Man zeigt durch die Kleidung seinen Stolz, zu einer Schule zu gehören, und das gemeinsame Miteinander wird auf den ersten Blick deutlich. Bei Wettbewerben ist mit einheitlicher Schulkleidung leicht ersichtlich, zu welcher Schule man gehört, also auf welcher Seite man steht.*

Beispiel: *Auch Fußballmannschaften haben einheitliche Kleidung, damit sie sich gegenseitig schnell erkennen können. Dies stärkt das Zusammengehörigkeitsgefühl, da man schnell weiß, wer in der gleichen Mannschaft ist, wen man anspielen kann und wer einen unterstützt.*

Argumente für eine Diskussion sammeln (2)

Arbeitsauftrag:
Notiere dir stichpunktartig Gründe, warum du es gut oder schlecht findest, dass in einer Gesellschaft das Sprichwort »Kleider machen Leute« gilt. Arbeite dazu mit deinem Partner / deiner Partnerin zusammen und notiere dir *für jede Seite zwei Argumente*, die jeweils aus Behauptung, Begründung und Beispiel bestehen (BBB-Schema).

1. Argument

	Ja, ich finde es gut, denn …	Nein, ich finde es nicht gut, denn …
Behauptung		
Begründung		
Beispiel		

2. Argument

	Ja, ich finde es gut, denn …	Nein, ich finde es nicht gut, denn …
Behauptung		
Begründung		
Beispiel		

ARBEITSBLATT 1d

»Rollenkarten« für die Diskussion

Der Moderator

Als Moderator hast du die Aufgabe, die Diskussion zu leiten. Dabei solltest du darauf achten, dass jeder der beiden Diskutanten zu Wort kommt, dass jeder etwa die gleiche Zeit spricht, und dass es in der Diskussion friedlich zugeht. Schimpfwörter oder Beleidigungen sind nicht erwünscht. Außerdem wäre es prima, wenn du die Redebeiträge nach einer Weile zusammenfasst, damit die Zuhörer nicht den roten Faden verlieren. Natürlich bist du auch dafür zuständig, die Diskutanten und Zuhörer zu begrüßen und sie zu verabschieden und insgesamt darauf zu achten, dass die vorgegebene Zeit eingehalten wird.

In Kurzform: Du bist zuständig für:
- Eröffnung und Beendigung der Diskussion
- die Einhaltung der Redezeit
- ein sachliches und friedliches Diskussionsklima
- eine Zusammenfassung von Redebeiträgen

Die Diskutanten

Als Diskutant vertrittst du entweder die Pro- oder die Kontra-Position. Du hast die Aufgabe, deine Meinung argumentativ überzeugend darzulegen, so dass die andere Seite vielleicht sogar ihre Meinung ändert. Dabei ist es wichtig, sachlich zu argumentieren und die eigene Meinung gut zu begründen. Außerdem solltest du den anderen auch zu Wort kommen lassen, die Gegenargumente aufgreifen und vielleicht sogar durch ein eigenes Argument entkräften. Du solltest auch darauf achten, dass du laut und deutlich sprichst, sowie dass du nicht zu schnell redest.

In Kurzform: Du bist zuständig für:
- sachliche, klare Argumente
- die Einhaltung von Behauptung, Begründung, Beispiel
- die Entkräftung von Gegenargumenten (vorher gut zuhören!)
- lautes, deutliches und ruhiges Sprechen

Die Beobachter

Als Beobachter bist du nicht tatenlos, sondern du kannst jederzeit in die Diskussion eingreifen, wenn du ein wichtiges Argument einbringen möchtest. Dafür kannst du den freien Platz im Innenkreis einnehmen. Dann gelten für dich die Aufgaben eines Diskutanten (siehe oben).

Ansonsten ist es deine Aufgabe, darauf zu achten, ob die Diskutanten und der Moderator ihre Aufgaben gut erledigen. Dafür hast du einen Beobachtungsbogen, den du während der Diskussion ausfüllst. Dann kannst du deinen Mitschülern aus dem Innenkreis im Anschluss an die Diskussion in der Reflexionsphase eine Rückmeldung geben, was sie schon gut machen oder was sie noch verbessern könnten.

In Kurzform: Du bist zuständig für:
- genaues Zuhören und Beobachten der Diskutanten
- Ausfüllen des Beobachtungsbogens
- faire und wertschätzende Rückmeldung zur Diskussion
- Bildung einer eigenen Meinung zum Thema
- ggf. Einbringen eines oder mehrerer Argumente im Innenkreis

ARBEITSBLATT 1e

Beobachtungsbogen für die Diskussion

Moderator – Name:

	Das hast du gut gemacht, denn:	Tipps für das nächste Mal:
Begrüßung		
Redezeit jedes Diskutanten		
Sachliche Atmosphäre		
Zusammen-fassung von Redebeiträgen		
Verabschiedung		

Diskutant – Name: **Seite: Pro/Kontra**

Diese Argumente hat er/sie genannt:

	Das hast du gut gemacht, denn:	Tipps für das nächste Mal:
Sachliche Argumente		
Einhaltung von Behauptung/ Begründung/ Beispiel (BBB)		
Entkräftung von Gegen-argumenten		
Lautes, deut-liches, ruhiges Sprechen		

2 Den Protagonisten Wenzel Strapinski kennenlernen

Sachanalyse

Gottfried Keller zeichnet den Protagonisten, den armen Schneider Wenzel Strapinski, der gerade seine Arbeit verloren hat, als eher zurückhaltenden und schüchternen jungen Mann, dem seine ausgesucht vornehme Kleidung, die ihm »ein edles und romantisches Aussehen verlieh« (3,21 f.), sehr wichtig ist, wenngleich sie ihn daran hindert, durch Betteln seinen Lebensunterhalt zu verdienen (»also dass er der Märtyrer seines Mantels war und Hunger litt, so schwarz wie des letztern Sammetfutter«, 4,8 ff.).

Zufällig begegnet dieser Wandergeselle einer herrschaftlichen, jedoch leeren Kutsche, die von einem Kutscher seinem Herrn überbracht werden soll, und der Kutscher bietet ihm an, ihn ein Stück des Weges mitzunehmen. Über die erste Motivation des Kutschers erfährt man nicht viel, jedoch war es wohl Mitleid, das ihn zu seiner Tat bewegte (»Denn es fing eben an zu regnen und er hatte mit einem Blicke gesehen, dass der Fußgänger sich matt und kümmerlich durch die Welt schlug«, 4,24 ff.).

Die prachtvolle Kutsche hält in Goldach vor dem Gasthaus »Zur Waage« – ein besonderes Ereignis, das schnell die Aufmerksamkeit der Goldacher Bürger weckt, die den aussteigenden Schneider entsprechend des äußeren Scheins seiner Kleidung und seines Auftretens für einen »Prinz[en] oder Grafensohn« halten (5,7). Der Schneider wird »willenlos« (5,13 f.) in eine Lage gebracht, aus der er zunächst selbst keinen Ausweg sieht. Der eilfertige Wirt leitet, »[o]hne eine Antwort abzuwarten« (5,21), sofort das Essen für den vermeintlich hohen Gast ein. Es folgt ein Dialog mit humoristischen Anspielungen zwischen der Köchin und dem Waagwirt, in dessen Verlauf erste Hinweise auf die Goldacher Gesellschaft gegeben werden, indem der Wirt eine Streckung seiner Speisen nicht zulässt mit den Worten: »Wir leben hier solid und ehrenfest« (6,14). Kellers Kritik an der Oberflächlichkeit der bürgerlichen Gesellschaft wird hier bereits in Ansätzen deutlich, als die Köchin das Auftischen teurer Speisen für den unbekannten Gast kritisiert und der Waagwirt antwortet: »Tut nichts, es ist um die Ehre! Das bringt mich nicht um; dafür soll ein großer Herr, wenn er durch unsere Stadt reist, sagen können, er habe ein ordentliches Essen gefunden […]. Es soll nicht heißen wie von den Wirten zu Seldwyl, die alles Gute selber fressen und den Fremden die Knochen vorsetzen!« (7,12–19). »Die geplante Pastetenfälschung der Köchin verweist auf die Goldacher Gewohnheit, auf jeden Fall die Fassade ohne Ansehen des Inhalts wahren zu wollen. Im ursprünglichen Wortsinn von ›Pastete‹ (nach Grimm, ›Deutsches Wörterbuch‹, eine ›verwickelte, unangenehme Bescherung‹) steckt ein zusätzlicher Hinweis auf die falsche Identität Strapinskis, zumal tirolerisch ›Pastete‹ als ›leere Vorspiegelung‹ belegt ist!«[1]

Der Schneidergeselle ist derweil in einer prekären Lage, da ihm wohl die Verwechslung bewusst ist und er dieser entkommen möchte. Sein Fluchtversuch endet jedoch in der Übereifrigkeit des Kellners, der ihn zur Toilette geleitet, und der des Wirtes, der ihn zurück zu seinem Platz führt. Da ihn, den bereits länger Hungernden, der Geruch der bereits aufgetischten Suppe »vollends seines Willens beraubte« (8,28), beginnt er zu essen. Jede seiner zögerlichen Bewegungen (»weil der arme Schneider immer zimperlich und unentschlossen aß und trank«, 10,4 f.) wird ihm von Wirt und Köchin als Vornehmheit ausgelegt (»Der weiß noch einen feinen Fisch zu essen, wie es sich gehört […]. Das ist ein Herr von großem Hause, darauf wollt' ich schwören«, 9,11–14), ganz dem Bild entsprechend, das sie sich anhand seiner Kleidung von ihm gemacht haben.

Schließlich jedoch übermannen der Hunger und eine beginnende leichte Trunkenheit Wenzel Strapinski, und er entscheidet sich dafür, dieses Essen ob des baldigen Hereinbrechens des Unglücks der Entdeckung seiner wahren Identität noch zu genießen (»›Es ist jetzt einmal, wie es ist!‹, sagte er sich, von einem neuen Tröpflein Weines erwärmt und aufgestachelt; ›nun wäre ich ein Tor, wenn ich die kommende Schande und Verfolgung ertragen wollte, ohne mich dafür satt gegessen zu haben! […]‹«, 10,13–18). Doch auch diese Entscheidung für »hastig belebte Einfuhr« (10,34) von Pastete und Wein wird wiederum positiv im Sinne einer vornehmen Herkunft gedeutet: »›Ich sag's auch‹, meinte der Wirt; ›es sieht sich zwar nicht ganz elegant an, aber so hab ich, als ich zu meiner Ausbildung reiste, nur Generäle und Kapitelsherren essen sehen!‹« (11,10–13).

Wenzel Strapinski wird folglich zu Beginn der Novelle als eher unbedarfter und hilfloser junger Mann dargestellt, der sich von anderen in seine Rolle des Grafen drängen lässt. Auch die Auswanderungsabsicht ist kein eigener Wunsch, sondern Notwendigkeit, resultierend aus dem Bankrott seines Arbeitgebers, eines Schneidermeisters aus der Stadt Seldwyla.

1 Rolf Selbmann, *Erläuterungen und Dokumente: Gottfried Keller, »Kleider machen Leute«*, Stuttgart 2004, S. 10.

Strapinski wird also als eine Person eingeführt, die eher reagiert als selbst agiert. »Der wandernde Schneider trägt noch Züge eines Märchenhelden, der naiv und weitgehend passiv, aber vom Glück begünstigt ist, wie die vielen Zufälle belegen, von denen er nach seiner Ankunft in Goldach profitiert. Ausdrücke wie ›Fügung‹, ›Wendung‹, ›Schicksal‹ und ›Glück‹ ziehen sich als roter Faden durch den Text«.[2]

2 Ulrich Kittstein, *Gottfried Keller*, Stuttgart 2008, S. 121.

Unterrichtsverlauf

Überblick. Die Schülerinnen und Schüler werden mit dem Anfang der Novelle vertraut. Sie lernen in einer Phantasiereise Wenzel Strapinski kennen und finden sich in die Entstehungszeit der Novelle ein. Nach erstem Erlesen von Textstellen durch unterschiedliche Methodik beginnen sie, sich in einem Steckbrief mit der Figur des Wenzel Strapinski auseinanderzusetzen und entwickeln Fremdverstehen in der Entwicklung eines Whats-App-Dialogs. ! **Verkürzter Verlauf: 2.1 – 2.2 – 2.3 – 2.4**

Phase	Thema	Sozialform	Kompetenzen und Lernziele	Materialien
Voraussetzungen: keine				
2.1	Einstieg: Phantasiereise zum Novellenbeginn	UG	• Sich in Zeit und Situation hineinversetzen	VORLAGE 2 ➤ S. 17
2.2	Steckbrief: Informationen zum Protagonisten	PA / UG	• Den Novellenbeginn verstehen • Wesentliche Eigenschaften von Wenzel Strapinski erfassen • Unbekannte Wörter klären	ARBEITSBLATT 2a ➤ S. 21 ARBEITSBLATT 2b ➤ S. 22 ARBEITSBLATT 2c ➤ S. 23
2.3	Lesetheater: Der Schneider wird zum Grafen	EA / GA / UG	• Textverständnis und Lesemotivation entwickeln	
2.4	WhatsApp-Dialog zur Toilettenszene	PA	• Fremdverstehen und Kreativität ausbilden	ARBEITSBLATT 2d ➤ S. 24
2.5 **fakultativ**	Das Abendessen des Wenzel Strapinski	EA	• Den Text verstehen	ARBEITSBLATT 2b ➤ S. 22 ARBEITSBLATT 2c ➤ S. 23
HA	Lektüre: Die Goldacher Gesellschaft			*Kleider machen Leute*, Reclam XL, 11,14–17,31

2.1 Einstieg: Phantasiereise zum Novellenbeginn

UG

VORLAGE 2 ➤ S. 17

Unterrichtsschritt. Zum Einstieg wird von der Lehrkraft eine Phantasiereise vorgelesen (VORLAGE 2 ***Phantasiereise ins 19. Jahrhundert***). In dieser begegnen die Schülerinnen und Schüler zum ersten Mal Wenzel Strapinski, der in der Ich-Perspektive von sich erzählt. Im Anschluss an eine kurze, rein mündliche Thematisierung der Geschichte des Schneiders aus der Phantasiereise anhand der Leitfragen erfolgt die Überleitung zum Lesen der Novelle. Hier wird den Schülerinnen und Schülern nun erstmals die Textausgabe an die Hand gegeben und die Aufgabe der nächsten Stunden verdeutlicht, nämlich das Erstellen eines Leseportfolios zu *Kleider machen Leute*.

Erläuterungen zur Methodik. Die Phantasiereise soll zum einen ermöglichen, dass sich die Schülerinnen und Schüler in die fremde Zeit und die Situation des arbeitslosen Wandergesellen einfühlen können, und zum anderen, dass sie Neugier entwickeln auf den Fortgang der Geschichte des jungen Schneiders. Die Überleitung erfolgt bewusst zunächst insofern irreführend, als die Geschichte des Schneiders als reale Geschichte ausgegeben wird, um die Neugier und Sensationslust der Schülerinnen und Schüler anzustacheln. Für Schülerinnen und Schüler, die sich zu alt fühlen für die Reise in einer Zeitmaschine, kann nach der Entspannungseinleitung gleich die Ankunft in der Vergangenheit (3. Abschnitt) gelesen werden. Am Ende der Phantasiereise wird dann der vorletzte Abschnitt weggelassen.

Mögliche Leitfragen im Anschluss an die Phantasiereise:
1. Was hast du gesehen?
2. Was war das für ein Mann, den du getroffen hast?
3. Was hat der Mann, den du getroffen hast, erlebt?
4. Hattest du Lösungsideen für ihn?
5. Was meinst du, wie es ihm weiterhin ergangen ist?

VORLAGE 2

Phantasiereise ins 19. Jahrhundert

Du darfst dich jetzt entspannen und in deiner Phantasie eine kleine Reise ins 19. Jahrhundert unternehmen. Setze dich bequem auf deinen Stuhl; wenn du möchtest, kannst du den Kopf auf den Tisch legen [wenn die Möglichkeit besteht, können sich die Schüler auch hinlegen, die Ansprache muss entsprechend angepasst werden].

Ruhig atmest du ein und aus. Beobachte, wie sich dein Bauch hebt und senkt beim Atmen, beim Einatmen dehnt er sich aus und beim Ausatmen sinkt er ein. Ganz entspannt atmest du einige Male tief ein und aus, während dein Körper langsam ganz ruhig wird. Du merkst, wie sich alle Anspannungen lösen, und du folgst aufmerksam meiner Stimme, die mit dir nun eine Reise in die Vergangenheit unternehmen wird.

Vor dir siehst du eine Maschine, die dich ein wenig an eine Rakete erinnert. Neugierig gehst du darauf zu. Sie ist gerade so groß, dass du als einzelne Person hineinpassen könntest. Schau dir genau an, wie sie aussieht. Vorne kannst du einen Einstieg erkennen, der einladend geöffnet ist. Du steckst deinen Kopf hinein und da es innen sehr gemütlich zu sein scheint, steigst du ganz hinein. Du erkennst einen Stuhl, vor dem eine Armatur mit vielen Lichtern angebracht ist. Gespannt setzt du dich hin und siehst dir die vielen leuchtenden Knöpfe näher an. Ein Knopf hat es dir besonders angetan. Fast automatisch zieht es deinen Finger zu ihm hin und du drückst auf diesen Knopf. Da leuchten noch mehr Lichter auf, es gibt ein leises Zischen und schon schließt sich die Türe der Maschine. Obwohl die Situation sehr ungewohnt ist für dich, fühlst du dich ganz sicher und bist erwartungsfroh, was passieren wird. Du spürst, wie die Maschine abhebt und es dich sanft in den Stuhl drückt, doch schon kurze Zeit später kannst du an einem leichten Aufprall erkennen, dass du wohl wieder gelandet bist.

Ganz von selbst öffnet sich die Türe, und du steigst aus und siehst dich um:

Du bist auf dem Land angekommen, denn du erblickst weite Felder um dich herum, die schon abgeerntet sind, einige vereinzelt stehende Bäume und einen Schotterweg. Es ist herbstlich frisch, doch noch regnet es nicht. Plötzlich hörst du aus der Ferne ein leises Schnauben und ein rhythmisches Klappern, das du als Pferdehufe identifizierst. Schon erkennst du von Weitem eine von Pferden gezogene Kutsche näherkommen. Offenbar gibt es noch keine Autos oder Traktoren. Die Kutsche ist in einen Staubmantel gehüllt, doch du kannst erkennen, dass sie sehr schön aussieht. Bevor du dich versiehst, ist sie jedoch schon an dir vorüber. Verwundert folgst du ihr einige Schritte, als du unten an einem Baum kauernd eine Gestalt erkennst. Sie ist sehr gut gekleidet, und du bist erstaunt, warum dieser vornehm wirkende Mann unter dem Baum sitzt. Du gehst zu ihm und begrüßt ihn. Er lädt dich ein, dich neben ihn zu setzen, und er beginnt, dir seine Geschichte zu erzählen:

An einem unfreundlichen Novembertage wanderte ich, ein armes Schneiderlein, auf der Landstraße nach Goldach, einer kleinen reichen Stadt, die nur wenige Stunden von Seldwyla, meinem Heimatort, entfernt ist.

(› Fortsetzung nächste Seite)

VORLAGE 2 (Fortsetzung)

Ich trug in meiner Tasche nichts als einen Fingerhut, welchen ich, in Ermangelung irgendeiner Münze, unablässig zwischen den Fingern drehte, wenn ich der Kälte wegen die Hände in die Hosen steckte, und die Finger schmerzten mich ordentlich von diesem Drehen und Reiben. Denn ich hatte wegen des Bankrotts meines Schneidermeisters in Seldwyla meinen Arbeitslohn mit der Arbeit zugleich verloren und auswandern müssen …

Ich hatte noch nichts gefrühstückt als einige Schneeflocken, die mir in den Mund geflogen, und ich sah noch weniger ab, wo das geringste Mittagsbrot herwachsen sollte. Das Betteln fällt mir äußerst schwer, ja scheint mir gänzlich unmöglich, weil ich über meiner schwarzen Sonntagskleidung, welche meine einzige ist, diesen weiten dunkelgrauen Mantel hier trage, mit schwarzem Samt ausgeschlagen, der mir ein edles und romantisches Aussehen verleiht, zumal meine langen schwarzen Haare und mein Schnurrbärtchen sorgfältig gepflegt sind und ich mich blasser, aber regelmäßiger Gesichtszüge erfreue …

Dieses Aussehen ist mir zum Bedürfnis geworden, ohne dass ich damit etwas Schlimmes oder Betrügerisches im Schilde führe; vielmehr bin ich zufrieden, wenn man mich nur gewähren und im Stillen meine Arbeit verrichten lässt; aber lieber wäre ich verhungert als dass ich mich von meinem Mantel und meiner polnischen Pelzmütze getrennt hätte, die ich ebenfalls mit großem Stolz zu tragen weiß …

Ich konnte deshalb nur in größeren Städten arbeiten, wo solches nicht zu sehr auffiel; wenn ich wanderte und keine Ersparnisse mitführte, geriet ich in die größte Not. Näherte ich mich einem Hause, so betrachteten mich die Leute mit Verwunderung und Neugierde und erwarteten eher alles andere als dass ich betteln würde; so erstarben mir, da ich überdies nicht beredt war, die Worte im Munde, also dass ich der Märtyrer meines Mantels war und Hunger litt.

Nach: *Kleider machen Leute*, Reclam XL, 3,1–4,10 (modifiziert).

Es tut dir sehr leid, dass der Mann in solch einem Zwiespalt gefangen ist, und du überlegst dir, ob dir nicht vielleicht eine Lösung für ihn einfällt … Vielleicht hast du zufällig einen Apfel oder ein Brot, etwas was du ihm geben möchtest, oder du gibst ihm einen Tipp …

Leider musst du dann wieder zurück in die Zukunft. Deshalb verabschiedest du dich von dem Schneider – du weißt ja, dass er in der Vergangenheit gelebt hat und dass seine Geschichte sicherlich irgendwie weitergegangen ist. Es würde dich sehr interessieren, was später mit ihm passiert ist, vielleicht hast du ja Glück und erfährst mehr darüber.

Du gehst zurück zu deiner Zeitmaschine und während du einsteigst, siehst du den prächtig gekleideten Schneider eine kleine Anhöhe hinaufgehen. Du winkst ihm nochmals zu und rufst ihm eine Verabschiedung hinterher, dann drückst du einen Knopf, und schon schließt sich die Türe und du spürst wieder das Abheben und nach einigen Sekunden das Landen der Zeitmaschine. Mit einem Zischen öffnet sich die Türe und du bist wieder im Klassenzimmer angekommen.

Du freust dich, wieder in der Gegenwart zu sein und öffnest die Augen und streckst dich und bist wieder ganz da im Hier und Jetzt.

* * *

Glücklicherweise gibt es jemanden, der die Geschichte des Schneiders aufgeschrieben hat. Das ist Gottfried Keller und sein Text heißt *Kleider machen Leute*. [Nun wird die Textausgabe *Kleider machen Leute* ausgeteilt.]

Wir lesen diesen Text als Klassenlektüre und erstellen dazu ein Leseportfolio. Die in der letzten Deutschstunde ausgefüllten drei Arbeitsblätter zum Thema *Kleider machen Leute* gehören auch hierzu. Ordnet sie bitte als erste in einen gesonderten Ordner für das Portfolio ein.

2.2 Steckbrief: Informationen zum Protagonisten

Unterrichtsschritt. Es folgt eine Vorübung zur literarischen Charakterisierung, die in der vierten Stunde (S. 35–44) besprochen wird. Die Schülerinnen und Schüler lesen in Partnerarbeit *Kleider machen Leute*, Reclam XL, 3,1–4,10, und wiederholen damit das bereits in der Phantasiereise Erfahrene, den Beginn der Novelle, in einer anderen Perspektive. Aus diesem Abschnitt lassen sich bereits wesentliche Aspekte der Gestalt des Wenzel Strapinski entnehmen. Diese sollen von den Schülern in Form eines Steckbriefs des Protagonisten dargestellt werden (ARBEITSBLATT 2a ***Steckbrief Wenzel Strapinski***). Zugleich sollen die Schülerinnen und Schüler Wörter klären, die heute eine andere Bedeutung haben oder die ihnen bislang noch unklar waren (ARBEITSBLATT 2b ***Mein »Kleider machen Leute«-Lexikon***). Im anschließenden Unterrichtsgespräch wird das Ergebnis überprüft und besprochen.

Für ein differenzierteres Bild Wenzels ist es wichtig, dass die Schülerinnen und Schüler zusätzliche Charakterzüge oder Handlungsweisen wahrnehmen und festhalten, die im Verlauf der Novelle sichtbar werden. Während der gesamten Lektüre können sie auf ARBEITSBLATT 2c ***Steckbrief Wenzel – Ergänzungen***, das evtl. bei Bedarf mehrfach ausgegeben werden kann, Informationen zur Hauptfigur der Novelle sammeln.

PA / UG

ARBEITSBLATT 2a
➤ S. 21
Lösungshinweise
➤ S. 101
ARBEITSBLATT 2b
➤ S. 22
ARBEITSBLATT 2c
➤ S. 23
Lösungshinweise
➤ S. 102

Erläuterung. Die Wortklärung von unbekannten Begrifflichkeiten erscheint für die gesamte Novelle wesentlich, um den Inhalt adäquat zu erfassen, und wird daher wiederholt aufgegriffen.

2.3 Lesetheater: Der Schneider wird zum Grafen

Unterrichtsschritt. Der Text *Kleider machen Leute*, Reclam XL, 4,11–8,13, besteht inhaltlich aus drei Abschnitten, die auf unterschiedliche Weise erlesen werden können, um die Motivation der Schülerinnen und Schüler am Text aufrechtzuerhalten:

EA / GA / UG

Der erste Teil (4,11–5,20) kann entweder im Plenum gemeinsam laut oder von der Lehrkraft vorgelesen werden. Im Anschluss daran sollte der Inhalt nochmals wiederholt werden, da in diesem Abschnitt ein wichtiger Moment der Novelle stattfindet, nämlich das unabsichtliche Hineingeraten des Schneiders in die Rolle eines Grafen.

Der zweite Teil (5,21–7,19) wird von den Schülerinnen und Schülern selbständig im Lesetheater (s. u.) erlesen. Da hier fast dramenartig ein Dialog zwischen dem Waagwirt und seiner Köchin geschildert wird, gibt es die Möglichkeit einer Rollenverteilung.

Den dritten Teil (7,20–8,13) lesen die Schülerinnen und Schüler eigenständig und leise und beginnen selbsttätig mit Unterrichtsschritt 2.4.

Leitfragen zum ersten Teil:
1. Was ist passiert?
2. Wie kam es dazu?

Alternative. Die Durchführung des Lesetheaters ist fakultativ; bei Zeitmangel kann der Text auch still oder im Lesetandem erlesen werden.

Erläuterungen zum Lesetheater. Die Schülerinnen und Schüler werden in Dreiergruppen eingeteilt (Wirt, Köchin, Erzähler). Jeder soll den Text zunächst ruhig für sich durchlesen, danach wird die Szene – natürlich mit Text – nachgespielt. Als Hilfe können sich die Schülerinnen und Schüler kleine Randbemerkungen machen, wie ihre jeweilige Rolle in einem Textstück gelesen werden könnte, also eher *ruhig* oder *laut*, *aufgeregt* oder *leise* etc. Wenn einzelne Schülergruppen ihre Ergebnisse vorspielen wollen, und noch Zeit besteht, kann dem ggf. Raum gegeben werden.

2.4 WhatsApp-Dialog zur Toilettenszene

PA

ARBEITSBLATT 2d
➤ S. 24

Unterrichtsschritt. Um die schwierige Entscheidungssituation Wenzels am Ende des gelesenen Abschnitts (bis 8,13) zu vergegenwärtigen, entwickeln die Schülerinnen und Schüler in einem kreativen Schreibauftrag einen WhatsApp-Dialog (ARBEITSBLATT 2d ***WhatsApp-Dialog***).

Erläuterungen. Wenzel führt mit einer beliebigen Person, die die Schülerinnen und Schüler erfinden dürfen, einen WhatsApp-Dialog. Dabei muss er seine Lage schildern, so dass das vorher Erlesene wiederholt und gefestigt wird. Der imaginäre Freund soll eine Lösung für Wenzel vorschlagen. Hier ist die Kreativität der Schülerinnen und Schüler gefragt, die damit Ideenreichtum entwickeln können auch für schwierige Situationen in ihrem eigenen Leben. Es wäre sehr gut, wenn die von der Lerngruppe erarbeiteten Dialoge im Klassenplenum ggf. im Rollenspiel vorgelesen werden. Möglicherweise ist es erforderlich, das Arbeitsblatt für einzelne Schüler mehrfach zu kopieren. Die Entwicklung des Dialogs erfolgt in Partnerarbeit, um Schüler mit wenig Ideen einzubinden.

2.5 Das Abendessen des Wenzel Strapinski (fakultativ)

EA

ARBEITSBLATT 2b
➤ S. 22
ARBEITSBLATT 2c
➤ S. 23

Unterrichtsschritt. Um unbekannte Wörter zu klären und die Charakterzüge von Wenzel zu erfassen, lesen die Schülerinnen und Schüler in Einzelarbeit z. T. wiederholend *Kleider machen Leute*, Reclam XL, 4,11–11,13. Charakterzüge und Wesensmerkmale von Wenzel werden auf dem ARBEITSBLATT 2c ***Steckbrief Wenzel – Ergänzungen*** festgehalten, unbekannte Wörter auf ARBEITSBLATT 2b ***Mein »Kleider machen Leute«-Lexikon***. Sollte dies zeitlich nicht mehr geschafft werden, kann es als Teil der Hausaufgabe gelesen werden.

Erläuterungen. Für die Bearbeitung ist es ggf. sinnvoll, im Vorfeld das Vorgehen beim Zitieren zu besprechen. Zwar gibt es ein Beispiel, jedoch sollte darauf hingewiesen werden, wie man sich z. B. durch Auslassungszeichen das Zitieren erleichtern kann.

Hausaufgabe

In häuslicher Lektüre lesen die Schülerinnen und Schüler *Kleider machen Leute*, Reclam XL, 11,14–17,31 und bearbeiten den Steckbrief (ARBEITSBLATT 2a, ARBEITSBLATT 2c) sowie die Wörterliste (ARBEITSBLATT 2b) weiter.

ARBEITSBLATT 2a

Steckbrief Wenzel Strapinski

Arbeitsauftrag:
Lies nochmals den gerade in der Phantasiereise gehörten Beginn der Novelle *Kleider machen Leute*, Reclam XL, 3,1–4,10 (= Seite 3, Zeile 1, bis Seite 4, Zeile 10) und fülle den Steckbrief über die Hauptfigur aus. Versuche dabei, deine Angaben mit Seiten- und Zeilennummern zu belegen (Seite, Zeile).

Steckbrief

Name (kannst du erst später ausfüllen):

Beruf:

Alter (geschätzt):

Bild:

Aussehen und Kleidung:

Persönliche Eigenschaften:

ARBEITSBLATT 2b

Mein *Kleider machen Leute*-Lexikon

Arbeitsauftrag:
Während des Lesens sind dir sicherlich einige Wörter aufgefallen, deren Bedeutung du noch nicht kennst. Schreibe sie auf und kläre ihre Bedeutung. Führe dieses Lexikon beim weiteren Lesen der Novelle fort. Ergänze die Tabelle gegebenenfalls nach diesem Muster auf einem Blockblatt.

Unbekanntes Wort	Bedeutung

ARBEITSBLATT 2c

Steckbrief Wenzel – Ergänzungen

Arbeitsauftrag:
Du erfährst im Laufe der Geschichte immer mehr über den Schneider. Trage während der gesamten Lesezeit hier ein, was du nun Neues über ihn weißt. Denke daran, dass alle wörtlichen Übernahmen aus dem Text mit Anführungszeichen gekennzeichnet werden müssen.

Eigenschaften/Handlungen des Schneiders	**Seite/Zeile**
Beispiel: *»Blass und schön und schwermütig zur Erde blickend«; wirkt wie ein »Prinz oder Grafensohn«*	*5,5 f.*

WhatsApp-Dialog

Arbeitsauftrag:
Wenzel befindet sich auf der Toilette und weiß nicht aus noch ein. Stell dir vor, er hätte ein Handy dabei mit WhatsApp und könnte einem Freund oder einer Freundin eine Nachricht schreiben und ihm/ihr zum einen erzählen, was passiert ist, und zum anderen um Rat bitten. Gestalte diesen WhatsApp-Dialog. Vergiss nicht, Emojis zu verwenden.

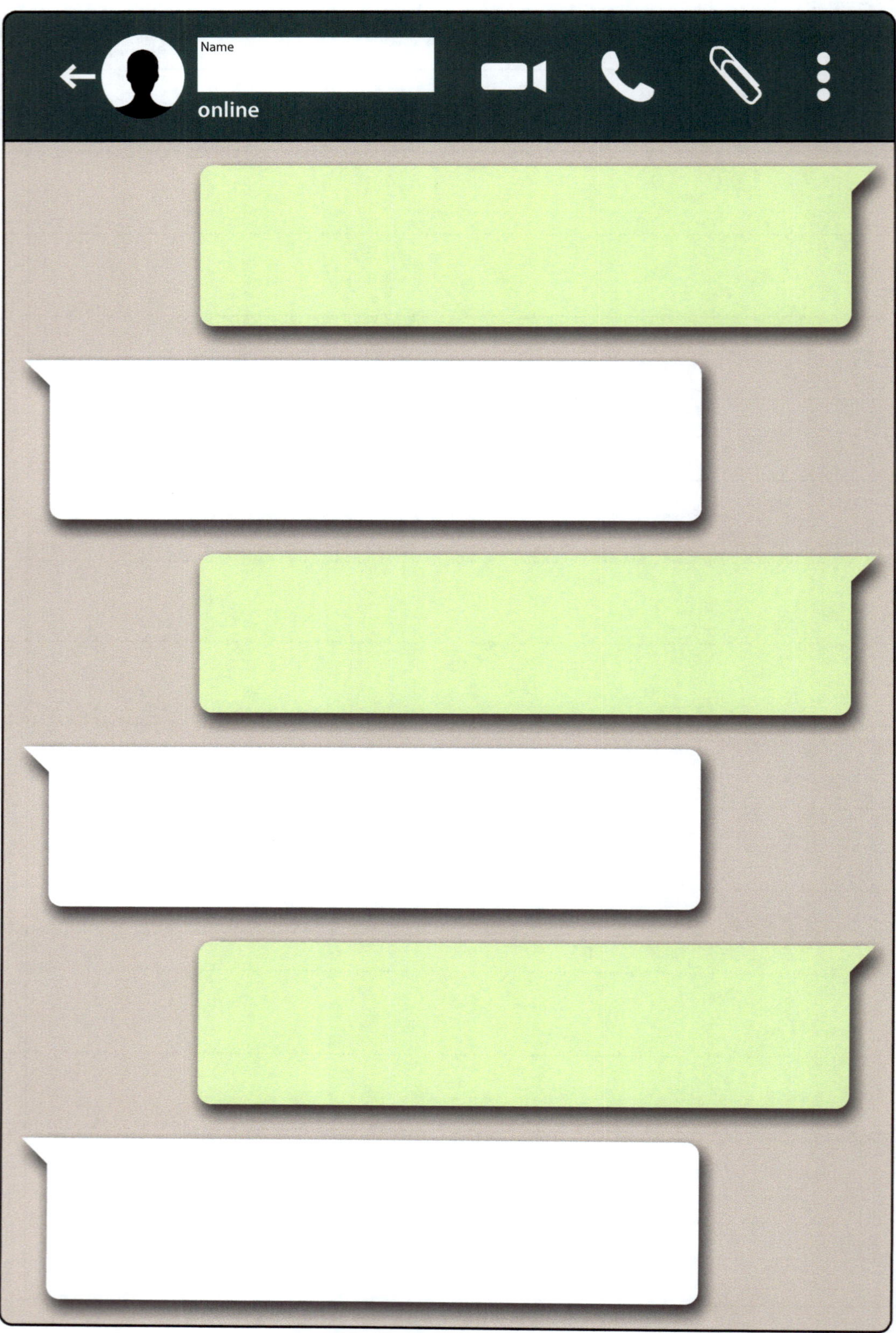

3 Ort und handelnde Figuren einschätzen

Sachanalyse

In *Kleider machen Leute*, Reclam XL, 11,14–17,31, stellt Keller die Bürger der Goldacher Gesellschaft vor. Sie werden als »Mitglieder guter Häuser, welche ihr Leben lang zu Hause blieben, deren Verwandte und Genossen aber in aller Welt saßen, weswegen sie selbst die Welt sattsam zu kennen glaubten« (13,6–10), beschrieben. »Eingeschlossen in das enge Gefüge ihres bürgerlichen Daseins, sehnen sich die Goldacher ›eine Abwechslung, ein Ereignis, einen Vorgang‹ herbei [...], die diese Routine wohltuend auflockern und unbefriedigte emotionale Bedürfnisse stillen könnten. Der rätselhafte Fremde kommt da gerade recht, weil er sich vorzüglich als Projektionsfläche für solche Sehnsüchte eignet.«[1]

Nachdem der Kutscher die falsche Identität des Grafen gegenüber dem Wirtshauspersonal bestätigt hatte und abgereist war, wird Wenzel Strapinski vom Waagwirt mit verschiedenen alkoholischen Spezialitäten bedacht. Das Eintreffen der Goldacher »Abendherren« (10,8) läutet einen neuen Schritt im Verlauf der Novelle ein. »Der Stadtschreiber und der Notar [...], der ältere Sohn des Hauses Häberlin und Cie., der jüngere des Hauses Pütschli-Nievergelt, der Buchhalter einer großen Spinnerei, Herr Melcher Böhni« (12,31–13,1) umkreisen den Fremden und setzen »sich zuletzt vertraulich an den gleichen Tisch« (13,19 f.). Hier überbieten sich die »neugierigen Herren« (13,18) darin, den vermeintlichen Grafen von ihrer Weltgewandtheit und Geschäftstüchtigkeit zu überzeugen, »damit er immer mehr röche, wo er eigentlich wäre« (13,27 f.). In humoristischer Überzeichnung zeigt Keller ihren Wunsch, selbst als Männer von Welt wahrgenommen zu werden und mehr zu scheinen als sie sind (vgl. 13,29–14,8). »Schon beim ersten Auftreten dieser Goldacher Geschäftsherren vor dem in der ›Waage‹ tafelnden Strapinski entrollt sich an ihnen ein gründerzeitliches Gesellschaftspanorama«.[2] Gerade im Zusammenhang mit ihrer späteren Verachtung für Wenzel Strapinski nach dessen Entlarvung wird deutlich, dass das Streben nach Mehr und Höherem hier von innen kommt, also ein negativer Charakterzug ist, während es Wenzel Strapinski – zumindest zunächst – von außen aufgezwungen wird.

Eine Einladung auf das Gut des Amtsrates, um dessen »neuen Wein, den roten Sauser« (14,19), zu probieren, nimmt Wenzel an, in der Hoffnung, hier seinen zweiten Fluchtversuch in die Tat umsetzen zu können; »den Schaden sollten die törichten und zudringlichen Herren an sich selbst behalten« (14,29 f.). Wenzel erkennt hier also durchaus den wahren Charakter der Goldacher Abendherren: »Die Liebe zum Schein, die Orientierung an Rang, Namen und Aussehen, das Bedürfnis nach Sensation und die Ehrfurcht vor dem sozial Höhergestellten resultieren aus der Unzufriedenheit und Eintönigkeit der eigenen Existenz. Sensationslust und Gier nach Abwechslung paaren sich mit Geschäftstüchtigkeit und einseitiger Ausrichtung auf den materiellen Zugewinn.«[3]

Beim Spiel der Abendherren auf dem Gut (»da in diesem Lande keine Männer zusammen sein konnten, ohne zu spielen, wahrscheinlich aus angeborenem Tätigkeitstriebe«, 15,23 ff. – auch hier eine ironische Anspielung auf die Geschäftigkeit der Gründerzeit) sieht Wenzel auf deren Wunsch zu, »denn das schien ihnen immerhin der Mühe wert, da sie so viel Klugheit und Geistesgegenwart bei den Karten zu entwickeln pflegten« (15,29 ff.). Doch macht sie selbst das Fehlen von Strapinskis Einsatz beim Glücksspiel, nachdem er schließlich überredet wurde mitzuspielen, nicht stutzig, denn »alle waren viel zu behaglich als dass sie auf den Argwohn geraten wären, jemand in der Welt könne kein Geld haben« (17,7 ff.). Dieser Rückzug ins Private des Bürgertums und das Verschließen der Augen vor den aus der Industrialisierung resultierenden Folgen sozialer Ungleichheit ist typisch für jene Zeit und wird neben Keller auch von anderen Autoren des Bürgerlichen Realismus thematisiert.

Lediglich »Melcher Böhni, der Buchhalter, als ein geborener Zweifler« (16,20 f.) schöpft Verdacht, da er die Nadelstiche an Wenzel Strapinskis Fingern entdeckt hat. Die anderen Herren jedoch lassen sich von Wenzels »Redensarten [...], welche er einst in der Nähe von Offizieren und Gutsherren gehört« (16,11 f.) hatte und die er nun im Gespräch vereinzelt zum Besten gibt, blenden und vertiefen ihre positive Meinung über ihn: »Es ist ein vollkommener Junker!« (16,18 f.). Dank Melcher Böhni, der ihm den ersten Einsatz gewährt, gewinnt der Schneider einige Male, und »als man das Spiel satt bekam, besaß er einige Louisdors, mehr als er

1 Ulrich Kittstein, *Gottfried Keller*, Stuttgart 2008, S. 119.

2 Klaus Jeziorkowski, *Gottfried Keller. »Kleider machen Leute«. Text, Materialien, Kommentar*, München 1984, S. 103.

3 Wilhelm Große, *Modelle zum Umgang mit der Novelle im Deutschunterricht der Sekundarstufe I und II. E. T. A. Hoffmanns »Das Fräulein von Scuderi« und Gottfried Kellers »Kleider machen Leute«*, Mainz 1983, S. 58 f.

jemals in seinem Leben besessen« (17,19 ff.). »Die Goldacher – nicht Wenzel Strapinski – wollen partout ihren ›Roman‹, und also bekamen sie ihn, was sie nicht hinderte, ihre eigenen Trivialklischees den armen, zum Mitspielen gedrängten Wenzel später durch Entlarvung bitter entgelten zu lassen, obwohl doch eher noch ihre eigene Gier nach Getäuschtwerden und ihre eigene Kolportageoptik entlarvt werden.«[4]

Gerade als sich Wenzel Strapinski heimlich bei einem Spaziergang davonstehlen will, trifft er auf Nettchen, die Tochter des Amtsrates: »Eine neue Wendung war eingetreten, ein Fräulein beschritt den Schauplatz der Ereignisse« (18,33 ff.). Die Schüchternheit und Zurückhaltung des Grafen gefallen dem Mädchen, und auch er »wandelte sich in kurzer Zeit um; während er bisher nichts getan hatte, um im Geringsten auf die Rolle einzugehen, die man ihm aufbürdete, begann er nun unwillkürlich etwas gesuchter zu sprechen und mischte allerhand polnische Brocken in die Rede« (19,14 ff.).

4 Jeziorkowski (Anm. 2), S. 70.

Unterrichtsverlauf

Überblick. Nach einer spielerischen Wiederholung des zu Hause gelesenen Novellentextes erarbeiten die Schülerinnen und Schüler die Figurenkonstellation von *Kleider machen Leute*, indem sie die handelnden Figuren in ein Soziogramm einordnen. Fakultativ kann ein Comic zum Kennenlernen von Wenzel und Nettchen angefertigt werden. Als Hausaufgabe lesen die Schülerinnen und Schüler weiter und erstellen eine Zeichnung der Stadt Goldach. ! **Verkürzter Verlauf: 3.1 – 3.2**

Phase	Thema	Sozialform	Kompetenzen und Lernziele	Materialien
Voraussetzungen: Kenntnis des Novellentextes bis 17,31				
3.1	Einstieg: Spielerische Wiederholung des bisher Gelesenen	UG	• Das Vorwissen im Ballspiel aktivieren	Ball
3.2	Die handelnden Figuren	PA / UG	• Die Figurenkonstellation erfassen	ARBEITSBLATT 3a ➤ S. 29 *ARBEITSBLATT 3b ➤ S. 30
3.3 fakultativ	Comic: Wenzel lernt Nettchen kennen	EA / PA / UG	• Textverständnis und Kreativität entwickeln durch Erstellen eines Comics	ARBEITSBLATT 3c ➤ S. 31 *ARBEITSBLATT 3d ➤ S. 32
HA	Lektüre und Zeichnung zu Goldach			*Kleider machen Leute*, Reclam XL, 21,1–27,10 ARBEITSBLATT 3e ➤ S. 34

3.1 Einstieg: Spielerische Wiederholung des bisher Gelesenen

UG

Unterrichtsschritt. Mit Hilfe eines Ballspiels wird der Inhalt des Gelesenen wiederholt. Falls noch nicht alle Schülerinnen und Schüler etwas sagen können oder sie den Inhalt zu oberflächlich wiedergeben, kann die Lehrkraft mit ausgewählten Leitfragen weiterhelfen.

Erläuterungen. Die Schülerinnen und Schüler stehen für das Ballspiel auf, einem Schüler wird der Ball zugeworfen und dieser erzählt in einem ersten Satz den Beginn des Gelesenen; danach wirft er den Ball zu einem anderen, bis möglichst viele etwas zum Textinhalt gesagt haben. Ggf. darf sich derjenige, der bereits etwas beigetragen hat, setzen. Das Ballspiel aktiviert die Schülerinnen und Schüler körperlich und bietet damit eine sinnvolle Methode am Beginn einer Stunde, um Wissen abzufragen.

Sollte den Schülern die Beantwortung der Fragen schwerfallen, können sie ihre Textausgabe zur Hand nehmen und die jeweilige Textstelle suchen. Ggf. sollten die Fragen mit dem Overheadprojektor oder der Dokumentenkamera an die Wand geworfen werden, damit die Schülerinnen und Schüler sich leichter tun, die jeweiligen Textstellen zu finden. Da sich die Fragen an die Reihenfolge des Textes halten, ist eine Orientierung möglich.

Leitfragen:

1. Warum sagt der Kutscher, dass der Schneider ein Graf sei? (»um sich an dem Schneiderlein zu rächen«, 11,29 f.)
2. Wie verstärkt der Kutscher den Eindruck, dass seine Geschichte stimmt? (»Seine Eulenspiegelei aufs Äußerste treibend, bestieg er auch den Wagen, ohne nach der Zeche für sich und die Pferde zu fragen, schwang die Peitsche und fuhr aus der Stadt«, 11,33–12,2)
3. Wie ist der genaue Name des Schneiders? (»Wenzel Strapinski«, 12,6 f.)
4. Wo wurde der Schneider geboren? (»ein geborener Schlesier«, 12,5 f.)
5. Warum glauben die Abendherren, dass der Schneider ein polnischer Graf ist? (»doch hatte der Wirt bis jetzt noch keine dummen Streiche gemacht; er war vielmehr als ein ziemlich schlauer Kopf bekannt«, 13,14–17)
6. Wie nannten die Abendherren den Schneider heimlich? (»dem Polacken, wie sie den Schneider bereits heimlich nannten«, 13,25 f.)
7. Wie versuchen die Abendherren, die Gunst des angeblichen Grafen zu gewinnen? (»dagegen galt es [...] dem Polacken [...] mit gutem Rauchzeug aufzuwarten, damit er immer mehr röche, wo er eigentlich wäre«, 13,24 ff.)
8. Wohin machen die Herren einen Nachmittagsausflug? (»es wurde beschlossen auszufahren, den fröhlichen Amtsrat auf seinem Gute zu besuchen, [...] seinen neuen Wein [...] zu kosten«, 14,16–19)
9. Woher weiß Wenzel, wie eine Kutsche zu fahren ist? (»Nun war es eine weitere Fügung, dass der Schneider, nachdem er auf seinem Dorfe schon als junger Bursch dem Gutsherren zuweilen Dienste geleistet, seine Militärzeit bei den Husaren abgedient hatte und demnach genugsam mit Pferden umzugehen verstand«, 14,34–15,4)
10. Warum spielen die Männer? (»da in diesem Land keine Männer zusammen sein konnten, ohne zu spielen, wahrscheinlich aus angeborenem Tätigkeitstriebe«, 15,23–26)
11. Wie schafft es der Schneider, bei Themen wie Pferde und Jagd mitzureden? (»Strapinski wusste hier auch am besten Bescheid; denn er brauchte nur die Redensarten hervorzuholen, welche er einst in der Nähe von Offizieren und Gutsherren gehört und die ihm schon dazumal ausnehmend wohl gefallen hatten«, 16,8–13)
12. Wer zweifelt an der Identität des Grafen? (»Nur Melcher Böhni, der Buchhalter, als ein geborener Zweifler«, 16,20 f.)
13. Aus welchem Grund zweifelt der Buchhalter die Identität Strapinskis an? (»Der Mann dort hat mir so wunderlich zerstochene Finger«, 16,25 f.)
14. Wer hilft dem Schneider beim Glücksspiel und wie? (»aber schon hatte Melcher Böhni [...] für ihn eingesetzt, [...] und Böhni besorgte für ihn das zweite Spiel [...] sowie das dritte«, 17,5 f./12 f.)
15. Warum wird auch Wenzels fehlender Einsatz beim Glücksspiel nicht als Hinweis auf die falsche Identität erkannt? (»denn alle waren viel zu behaglich, als dass sie auf den Argwohn geraten wären, jemand in der Welt könne kein Geld haben«, 17,7 ff.)
16. Warum lässt Böhni den Schneider gewähren? (»Weil er aber zugleich bemerkte, dass der rätselhafte Fremde keine Gier nach dem Gelde gezeigt, sich überhaupt bescheiden und nüchtern verhalten hatte, so war er nicht übel gegen ihn gesinnt, sondern beschloss, die Sache durchaus gehen zu lassen«, 17,27–31)

3.2 Die handelnden Figuren

PA / UG

Unterrichtsschritt. Die Schülerinnen und Schüler lesen *Kleider machen Leute*, Reclam XL, 17,32–20,33, und zeichnen in Partnerarbeit die Figurenkonstellation der handelnden Personen (ARBEITSBLATT 3a ***Erfassen der Figurenkonstellation***). Diese wird mit Hilfe der Leitfragen im Plenum kurz thematisiert und ggf. verbessert.

ARBEITSBLATT 3a
➤ S. 29
Lösungshinweise
➤ S. 103

Erläuterungen. Eine grafische Darstellung der Figuren und ihrer Bezüge zueinander in einer Figurenkonstellation hilft, eine optische Struktur herzustellen und damit Übersichtlichkeit in der persönlichen Vorstellungswelt zu schaffen. Starke Schülerinnen und Schüler erstellen die Figurenkonstellation komplett selbständig in einer eigenen Visualisierung, schwächeren kann zur Differenzierung die Struktur vorgegeben werden (*ARBEITSBLATT 3b ***Erfassen der Figurenkonstellation – Variante***), so dass sie lediglich die Namen der handelnden Figuren eintragen müssen.

*ARBEITSBLATT 3b
➤ S. 30

Leitfragen:

1. Was haltet ihr davon, wie sich die Abendherren gegenseitig überbieten, Wenzel Strapinski etwas zum Rauchen anzubieten?
2. Wie findet ihr das Verhalten von Melcher Böhni?
3. Wie verhält sich Wenzel Strapinski gegenüber den Abendherren?
4. Was geschieht beim und nach dem Kennenlernen von Nettchen?
5. Welchen Eindruck habt ihr von Nettchen nach dem Lesen?

3.3 Comic: Wenzel lernt Nettchen kennen (fakultativ)

EA / PA / UG

ARBEITSBLATT 3c
➤ S. 31

*ARBEITSBLATT 3d
➤ S. 32

Unterrichtsschritt. Die Schülerinnen und Schüler fertigen einen Comic zu der Szene des Kennenlernens von Nettchen und Wenzel an (ARBEITSBLATT 3c ***Comic: Wenzel und Nettchen lernen sich kennen***). Dieser Unterrichtsschritt kann ggf. als Puffer für diejenigen Schülerinnen und Schüler erfolgen, die mit Unterrichtsschritt 3.2 früher als andere fertig sind.

Erläuterungen. Bei der Gestaltung des Comics müssen die Schülerinnen und Schüler nicht nur die Szene in Bilder umsetzen, sondern sie auch mit geeignetem Text in Sprechblasen unterfüttern. Neben der Erlangung von Textverständnis wird hier wiederum die Kreativität angeregt. Für schwächere Schülerinnen und Schüler kann eine Vorgabe der Textstruktur mit genauer Seiten-/Zeilenangabe gemacht werden (siehe zur Differenzierung *ARBEITSBLATT 3d ***Comic: Wenzel und Nettchen lernen sich kennen – Variante***). Für schlechte Leserinnen und Leser bietet es sich evtl. an, nur einen Teil des Textes zu einem oder zwei Bildern lesen und als Comic gestalten zu lassen. Den gesamten Inhalt werden sie bei der Vorstellung der verschiedenen Comics im Klassenverband verstehen. Eine weitere Hilfe ist es, schreibschwachen Schülern eine Vorgabe für die Sprechblasen anzubieten (s. *ARBEITSBLATT 3d) oder diese Sprechblasen ausschneiden und zuordnen zu lassen. Die fertigen Comics sollten anschließend im Klassenverband präsentiert oder zumindest aufgehängt werden. Sollte nach der Erstellung und Präsentation der Figurenkonstellationen im Klassenplenum generell noch Zeit bleiben, kann natürlich die gesamte Klasse mit der Zeichnung der Comics beginnen.

ARBEITSBLATT 3e
➤ S. 34

Hausaufgabe

In häuslicher Lektüre lesen die Schülerinnen und Schüler *Kleider machen Leute*, Reclam XL, 21,1–27,10. Zur in diesem Abschnitt vorhandenen Darstellung des Ortes Goldach fertigen die Schüler eine Zeichnung an (ARBEITSBLATT 3e ***Goldach – zeichnerische Ansicht***).

Erläuterung. Die wiederholte Umsetzung von Geschriebenem in Bildern erweitert das Vorstellungsvermögen. Hieran kann in der folgenden Unterrichtsstunde angeknüpft werden, indem die naive Vorstellungswelt des Wenzel Strapinski im Hinblick auf die Betrachtung der Stadt thematisiert wird.

Erfassen der Figurenkonstellation

Arbeitsauftrag:

Nun hast du bereits einige Figuren aus Gottfried Kellers *Kleider machen Leute* kennengelernt. Fertige eine Figurenkonstellation an, indem du die verschiedenen Personen erfasst und darstellst, wie sie miteinander verbunden sind. Eine Figurenkonstellation sieht fast aus wie ein Stammbaum (siehe Beispiel).

Wenn du möchtest, kannst du zu den einzelnen Figuren auch Eigenschaften schreiben, die du bisher über sie erfahren hast.

Beispiel für einen Stammbaum:

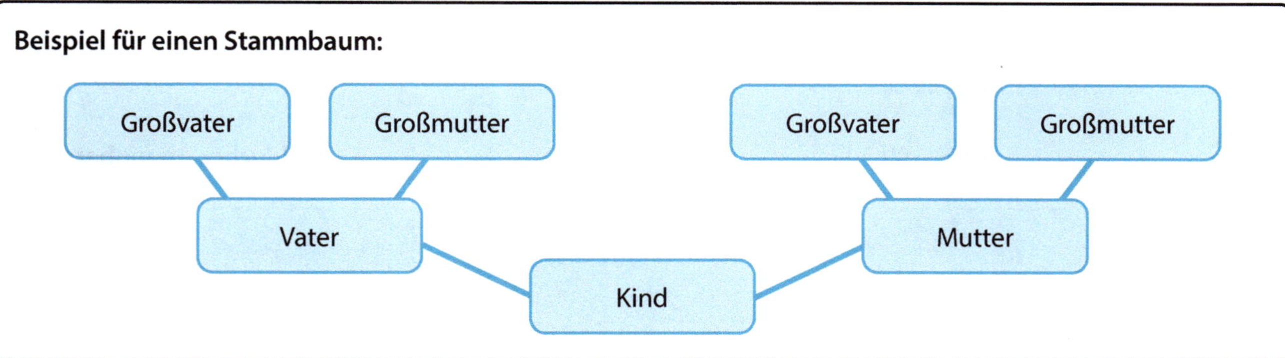

Hier ist Platz für die Zeichnung der Figurenkonstellation:

*ARBEITSBLATT 3b

Erfassen der Figurenkonstellation – Variante

Arbeitsauftrag:
Nun hast du bereits einige Figuren aus Gottfried Kellers *Kleider machen Leute* kennengelernt. Fertige eine Figurenkonstellation an, indem du in der folgenden Graphik die Personennamen in die passenden Felder einträgst.
Wenn du möchtest, kannst du zu den einzelnen Figuren auch Eigenschaften schreiben, die du bisher über sie erfahren hast.

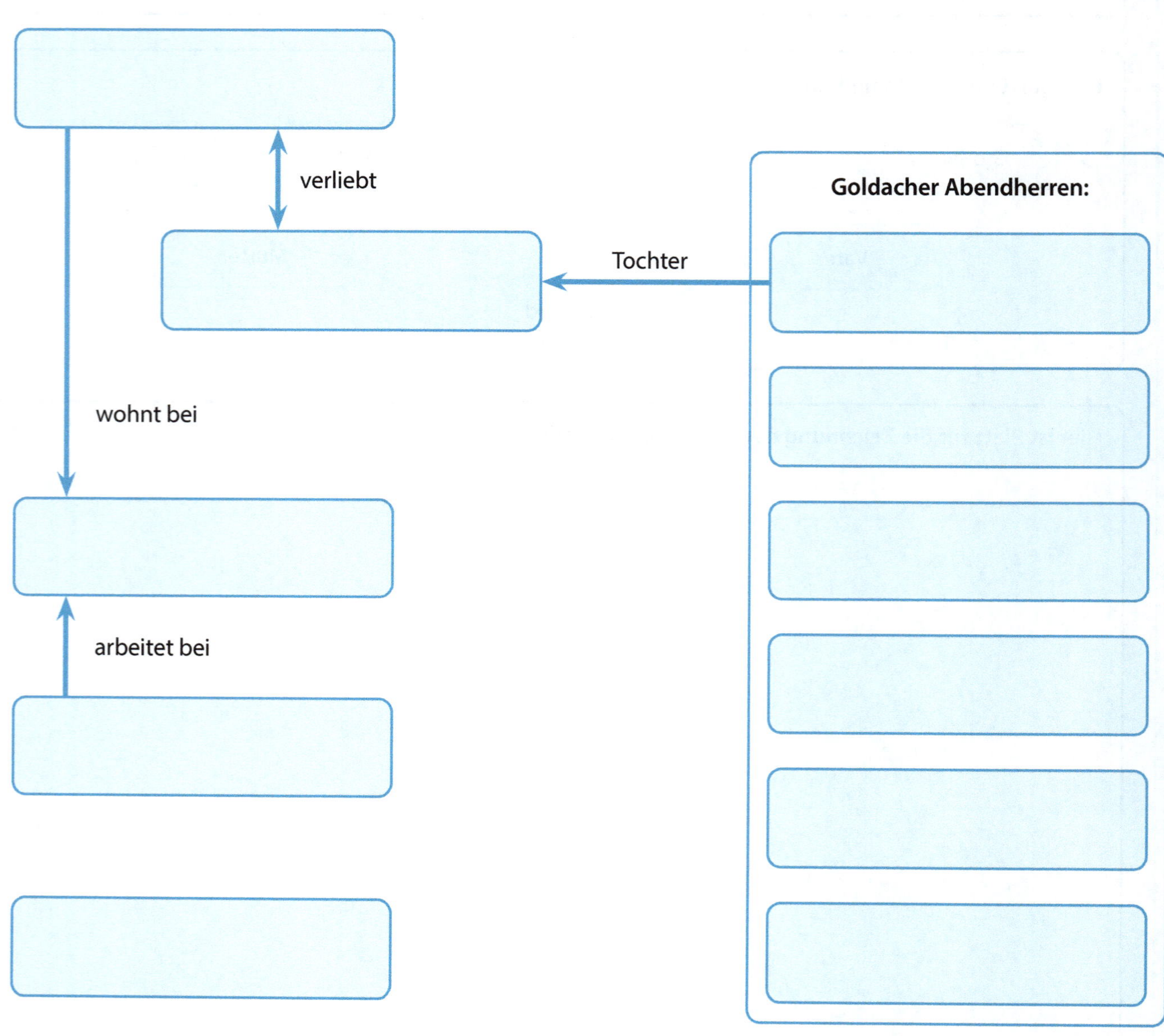

ARBEITSBLATT 3c

Comic: Wenzel und Nettchen lernen sich kennen

Arbeitsaufträge:

1. Lies alleine oder mit einem Partner nochmals *Kleider machen Leute*, Reclam XL, 17,32–20,33.
2. Gestaltet in Einzelarbeit einen Comic auf eurem Arbeitsblatt, in den ihr den Inhalt der Szene fasst. Dazu solltet ihr fünf bis sechs Bilder zeichnen, die ihr mit Sprechblasen verseht.

Hinweise:

- Wenn du nicht gut Figuren zeichnen kannst, beschränke dich auf Strichmännchen.
- Du darfst für die Sprechblasen auch andere Wortbeiträge als die im Text genannten erfinden sowie Umgangssprache verwenden, und du darfst über den Rand der einzelnen Kästchen hinaus zeichnen.
- Überlege als Erstes, wie du den Text auf die unterschiedlichen Bilder verteilen würdest.

*ARBEITSBLATT 3d (Seite 1 von 2)

Comic: Wenzel und Nettchen lernen sich kennen – Variante

Arbeitsaufträge:

1. Lies alleine oder mit einem Partner nochmals *Kleider machen Leute*, Reclam XL, 17,32–20,33.
2. Gestaltet in Einzelarbeit einen Comic auf eurem Arbeitsblatt, in den ihr den Inhalt der Szene fasst. Dazu sollt ihr fünf Bilder zeichnen, die ihr mit Sprechblasen verseht.

Hinweise:

- Wenn du nicht gut Figuren zeichnen kannst, beschränke dich auf Strichmännchen.
- Du darfst für die Sprechblasen auch andere Wortbeiträge als die genannten erfinden sowie Umgangssprache verwenden, und du darfst über den Rand der einzelnen Kästchen hinaus zeichnen.
- Überlege als erstes, wie du den Text auf die unterschiedlichen Bilder verteilen würdest.

1

17,32–18,16

2

18,16–18,25

3

18,25–19,22

4

19,23–20,10

5

20,10–20,33

Das Geld für mein Essen schicke ich dem Waagwirt dann von der nächsten Stadt aus zu.

Jetzt ist meine Fluchtchance gekommen …

Wir suchen Sie, Herr Graf. Ich möchte Ihnen meine Tochter vorstellen und Sie zum Abendessen einladen.

So ein netter junger Mann, so bescheiden und unverdorben. Davon könnten sich die Goldacher Herren mal was abschneiden.

Ich freue mich, Sie kennenzulernen, Herr Graf. Schön, dass Sie uns die Ehre erweisen, unser kleines Gut zu besuchen. Gefällt es Ihnen in Goldach?

Sehr geehrtes Fräulein, die Freude ist ganz auf meiner Seite. Ich bin ja nur ein armer Edelmann aus Polen, da bedeutet solch eine Bekanntschaft wie die Ihre eine ganz besondere Glückseligkeit für mich.

Bitte setzen Sie sich doch neben meine Tochter auf den Ehrenplatz. Meine Frau ist leider schon verstorben.

Ach, nun habe ich solch ein Glück und sitze neben einem reizenden Mädchen, doch kommt die Wahrheit bestimmt bald ans Licht und was dann?

Oh was für ein bezaubernder Mann, wie er die Gabel hält, so nobel. Und wie ungewöhnlich er sein Glas hält, ganz eines Grafen würdig.

Singen Sie uns ein polnisches Volkslied!

Hunderttausend Schweine pferchen
Von der Desna bis zur Weichsel,
Und Kathinka, dieses Saumensch,
Geht im Schmutz bis an die Knöchel!

Ach, das Volkstümliche ist immer so schön!

BRAVO, BRAVO!!!

Goldach – zeichnerische Ansicht

GOLDACH

4 Wenzel Strapinskis Wandel erfassen

Sachanalyse

»Von einer Novelle, der wir einen künstlerischen Wert zuerkennen, verlangen wir [...], daß sie uns ein bedeutsames Menschenschicksal, einen seelischen, geistigen oder sittlichen Konflikt vorführe, uns durch einen nicht alltäglichen Vorgang eine neue Seite der Menschennatur offenbare.«[1] Dies geschieht im folgenden Abschnitt (*Kleider machen Leute*, Reclam XL, S. 21–27) in der Person des Wenzel Strapinski, der tief zerrissen ist zwischen seinem Wunsch nach Freiheit und einem guten Gewissen und nach dem Glück einer Grafenexistenz im wohlhabenden Goldach mit Nettchen an seiner Seite.

Nach der Rückkehr vom Gut des Amtsrats in den Gasthof »Zur Waage« werden Strapinski schöne Zimmer gegeben, wobei der Wirt feststellt, dass wohl vergessen worden war, das Gepäck des Grafen aus der Kutsche auszuladen. Auf die Anregung des Wirts, einen Boten der Kutsche nachzusenden, fällt ihm Strapinski »erschrocken in den Arm und sagte bewegt: ›Lassen Sie, es darf nicht sein! Man muss meine Spur verlieren für einige Zeit‹« (21,31–34). Während Strapinski vor der Begegnung mit Nettchen die Rolle des Grafen rein von außen zugeschrieben wird, ist es nun bei der Rückkehr in den Gasthof das zweite Mal, dass er bewusst eine falsche Aussage tätigt, wenn auch »selbst betreten über diese Erfindung« (21,34 f.). Der Wirt fasst das so auf, dass Wenzel »ein Opfer politischer oder der Familienverfolgung sein müsse; denn um diese Zeit wurden viele Polen und andere Flüchtlinge wegen gewaltsamer Unternehmungen des Landes verwiesen; andere wurden von fremden Agenten beobachtet und umgarnt« (22,4–9). Historisch angespielt wird hier auf die – vergeblichen – Aufstände in Polen im Verlauf des 19. Jahrhunderts zur Wiederherstellung der staatlichen Einheit gegen die Teilungsmächte Österreich, Russland und Preußen.

Als Strapinski am nächsten Morgen erwacht, findet er in seinem Zimmer zahlreiche Kleidungsstücke vor, die ihm von den Abendherren gesandt worden waren. »Das die Gründerzeit charakterisierende Beschämen des Unbemittelten durch dargestellten Luxus und herablassendes Austeilen von Gaben, das die Grenzen des Takts überschreitende Verhalten des Neureichen gegenüber dem weniger Begüterten ist hier voll inszeniert«.[2] Der Fingerhut Strapinskis, ein Dingsymbol für seinen Nicht-Besitz in dieser Novelle, zeigt ihm, dass er nicht träumt, weil dieser nach wie vor in seiner Tasche auffindbar ist und sich zwischen dem am Tag davor gewonnenen Geld befindet.

Wenzel Strapinski entschließt sich dazu, die Stadt zu besichtigen, die ihn so wohlwollend empfangen hatte. Die Häuser aus den verschiedenen Epochen haben jeweils sprechende Namen: »Das Mittelalter spiegelte sich ab [in Namen wie] zum Schwert, zum Eisenhut, zum Harnisch, zur Armbrust [...]. Die Zeit der Aufklärung und der Philanthropie war deutlich zu lesen in den moralischen Begriffen [...] wie: zur Eintracht, zur Redlichkeit, zur alten Unabhängigkeit [...]. Endlich verkündete sich an den neuesten Häusern die Poesie der Fabrikanten, Bankiere und Spediteure und ihrer Nachahmer in den wohlklingenden Namen: Rosental, Morgental, Sonnenberg, Veilchenburg, Jugendgarten« (23,27–24,29). Der naive Wenzel meint, diese Bezeichnungen »bezögen sich auf die besondern Geheimnisse und Lebensweisen jedes Hauses und es sähe hinter jeder Haustüre wirklich so aus, wie die Überschrift angab, sodass er in eine Art moralisches Utopien hineingeraten wäre. So war er geneigt zu glauben, die wunderliche Aufnahme, welche er gefunden, hänge hiemit im Zusammenhang, sodass z. B. das Sinnbild der Waage, in welcher er wohnte, bedeute, dass dort das ungleiche Schicksal abgewogen und ausgeglichen und zuweilen ein reisender Schneider zum Grafen gemacht würde« (25,13–23). Auch an dieser Stelle spielt Keller wieder in humoristischen Anklängen mit Schein und Sein, wenn da bspw. zu lesen ist, dass der »Friedensrichter« (24,21) im Haus »zum Tod!« (24,19) wohnt. »Goldach ist somit kein ›moralisches Utopien‹ [...], für das es der Schneider in seinem Überschwang von Glück hält, als er am zweiten Morgen seines Goldacher Aufenthaltes durch das Städtchen geht und die Aufschriften der Häuser liest. [...] Der Schein trügt.«[3]

Trotz der mit einer Stadtmauer umgebenen »Herrlichkeit« (25,3) erkennt Strapinski seine Fluchtmöglichkeit, ist jedoch hin- und hergerissen zwischen »Glück, Genuss und Verschuldung« (26,2 f.) beim Blei-

1 Paul Heyse, »Einleitung zu ›Deutscher Novellenschatz‹ – ›Meine Novellistik‹«, in: Herbert Krämer (Hrsg.), *Theorie der Novelle*, Stuttgart 1976, S. 41.

2 Klaus Jeziorkowski, *Gottfried Keller. »Kleider machen Leute«. Text, Materialien, Kommentar*, München 1984, S. 104.

3 Wilhelm Große, *Modelle zum Umgang mit der Novelle im Deutschunterricht der Sekundarstufe I und II. E. T. A. Hoffmanns »Das Fräulein von Scuderi« und Gottfried Kellers »Kleider machen Leute«*, Mainz 1983, S. 58.

ben in Goldach und »freie[r] Ferne« mit »Arbeit, Entbehrung, Armut, Dunkelheit« (26,5).

Doch gerade als er sich für den ehrlichen Lebenswandel entscheidet, taucht Nettchen als seine stete Versuchung auf und fährt in einer Kutsche an ihm vorüber, was zur Folge hat, dass Strapinski sofort umdreht und in die Stadt zurückkehrt. Diese Begegnung führt dazu, dass Wenzel ab diesem Zeitpunkt in der Rolle des Grafen aufgeht: »Nun war der Geist in ihn gefahren. Mit jedem Tage wandelte er sich, gleich einem Regenbogen, der zusehends bunter wird an der vorbrechenden Sonne« (26,27 ff.). Dieser Vergleich zeigt Wenzel Strapinskis schnelle Veränderung hin zu einem Mitglied der ›höheren‹ Gesellschaft. Von seinen neuen Freunden übernimmt er das Bild, das sie von ihm haben und ändert dieses nach seinen Vorstellungen. »So ward er rasch zum Helden eines artigen Romanes, an welchem er gemeinsam mit der Stadt und liebevoll arbeitete, dessen Hauptbestandteil aber immer noch das Geheimnis war« (27,7–10) und das »Schicksal machte ihn mit jeder Minute größer« (23,20). Wenngleich Wenzel also anfangs Opfer der Goldacher ist, »versteht er es doch im Grunde zu gut, die Märchenrolle, in die er hineingedrängt wird, zu spielen. Ja, schließlich scheint es so, gesteigert durch die Liebe zu Nettchen, die ihm das nötige Selbstbewußtsein vermittelt, daß er mit seiner Rolle des Grafen identisch wird. […] Ja, er ist eigentlich ein vorzüglicher Schauspieler, Virtuose und Lebenskünstler.«[4] Aus dem romantischen, träumerischen Wandergesellen und Außenseiter wandelt er sich somit zum »aktiven Hochstapler.«[5]

4 Ebd., S. 59.
5 Ulrich Kittstein, *Gottfried Keller*, Stuttgart 2008, S. 119.

Unterrichtsverlauf

Überblick. Um zur Charakterisierung Wenzel Strapinskis hinzuführen, stimmen die Schülerinnen und Schüler darüber ab, ob sie ihn mögen oder nicht, und begründen ihre Meinung. An einer Vorlage erkennen sie den Aufbau eines literarischen Arguments zur Figurencharakterisierung und schreiben schließlich selbst ein solches. ! **Verkürzter Verlauf: 4.1 – 4.2 – 4.3 – 4.4 – 4.5 – 4.6**

Phase	Thema	Sozialform	Kompetenzen und Lernziele	Materialien
Voraussetzungen: Textkenntnis bis 27,10				
4.1	Einstieg: Abstimmung über das Wesen Strapinskis	UG	• Vorwissen aktivieren • Sich eine Meinung zur Hauptfigur bilden	
4.2	Thesen entwickeln: Der Charakter Strapinskis	EA / UG	• Die eigene Meinung begründen • Thesen entwickeln • Den charakterlichen Wandel erkennen	TAFELBILD 4 ➤ S. 37
4.3	Sammeln von Textbelegen	EA / PA / GA / UG	• Geeignete Textbelege sammeln • Auswahl begründen	ARBEITSBLATT 4a ➤ S. 40
4.4	Der Aufbau eines Arguments	EA / PA	• Den Aufbau eines Arguments verstehen	ARBEITSBLATT 4b ➤ S. 42 *ARBEITSBLATT 4c ➤ S. 43
4.5	Entwicklung eines Arguments	PA	• Ein eigenes Argument zum Charakter von Wenzel Strapinski verfassen	VORLAGE 4 ➤ S. 38
4.6	Überarbeitung des Arguments	GA	• Wesentliche Merkmale eines guten Arguments erkennen	ARBEITSBLATT 4d ➤ S. 44
4.7 fakultativ	Präsentation und Zuordnen der Argumente	UG	• Die eigenen Arbeitsergebnisse anderen vorstellen	
HA	Lektüre: Ball und Gartenereignis			*Kleider machen Leute*, Reclam XL, 27,11–31,2

4.1 Einstieg: Abstimmung über das Wesen Strapinskis

Unterrichtsschritt. Die Schülerinnen und Schüler stimmen darüber ab, ob ihnen Wenzel Strapinski als Person sympathisch ist. UG

Erläuterung. Durch die Abstimmung leistet die Lerngruppe den ersten Schritt hin zur Entwicklung von Thesen für eine literarische Charakterisierung. Die Schülerinnen und Schüler haben jeweils eine Stimme; eine Enthaltung ist nicht möglich. Die Stimmabgabe wird mit Zahlen an der Tafel festgehalten.

4.2 Thesen entwickeln: Der Charakter Strapinskis

Unterrichtsschritt. Die Schülerinnen und Schüler notieren sich in Einzelarbeit Gründe für ihre Ansicht. Diese werden in der Folge als Tafelbild im Unterrichtsgespräch gesammelt. Dabei ordnet die Lehrkraft die genannten Eigenschaften so an, dass daraus der Wandel von Wenzel Strapinski ersichtlich wird (vgl. TAFELBILD 4 ***Wenzel Strapinski***). Bevor das Fazit ergänzt wird, wird wiederholend *Kleider machen Leute*, Reclam XL, 26,27–27,10, gelesen und besprochen. EA / UG

TAFELBILD 4 ➤ S. 37

Erläuterung zur Vorgehensweise. Die Gründe bilden jeweils eine These über den Charakter des Wenzel Strapinski. Diese muss anschließend (nächster Unterrichtsschritt) am Text belegt und begründet werden.

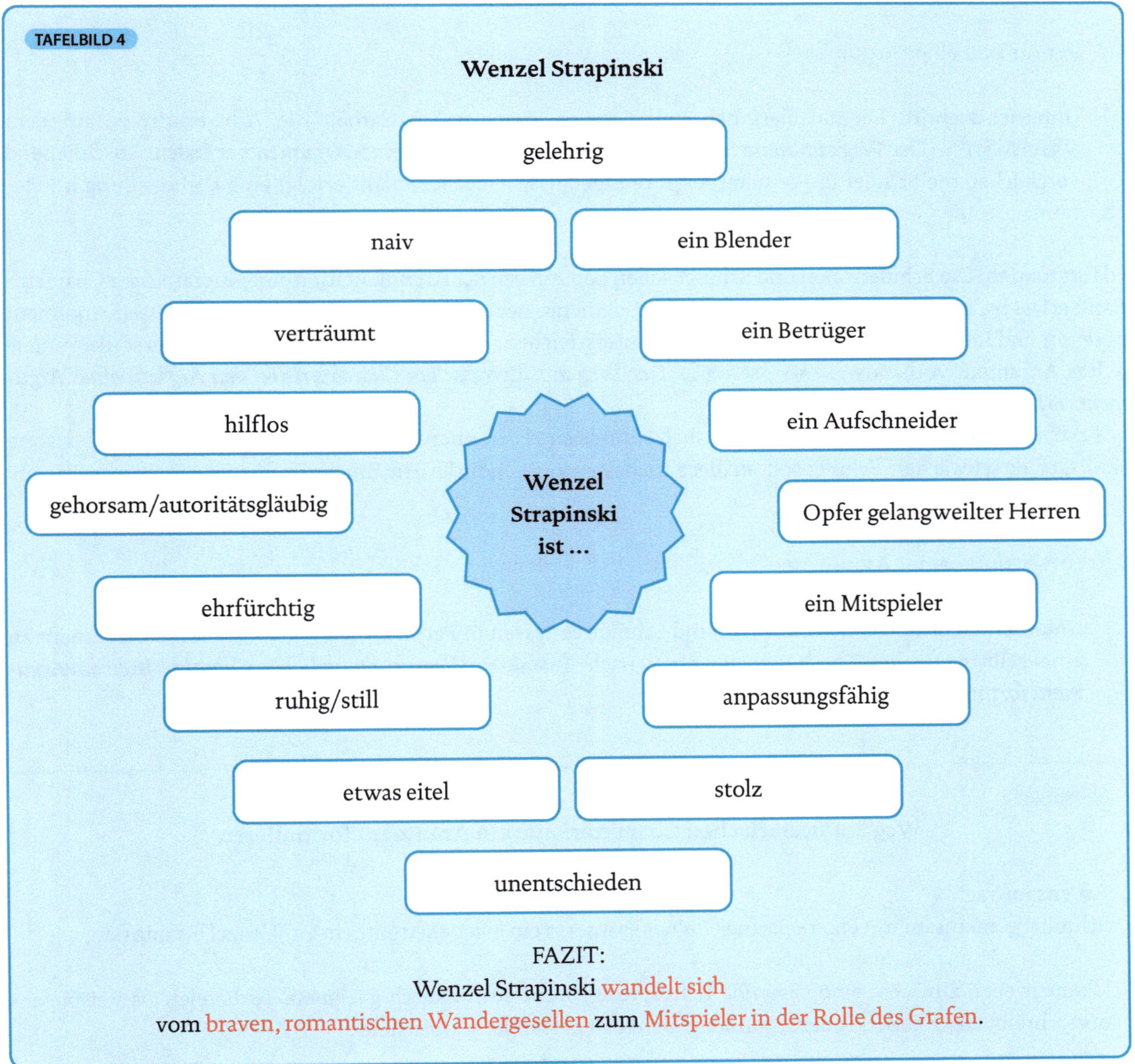

4.3 Sammeln von Textbelegen

EA / PA / GA / UG

ARBEITSBLATT 2a ➤ S. 21
ARBEITSBLATT 2c ➤ S. 23
ARBEITSBLATT 4a ➤ S. 40
Lösungshinweise ➤ S. 104

Unterrichtsschritt. Die Schülerinnen und Schüler markieren in Einzelarbeit auf ARBEITSBLATT 2a ***Steckbrief Wenzel Strapinski*** und ARBEITSBLATT 2c ***Steckbrief Wenzel – Ergänzungen*** (siehe 2. Stunde) Textbelege, die die These »Wenzel Strapinski ist gelehrig« stützen (s. ARBEITSBLATT 4a ***Der Weg zur literarischen Charakterisierung: Textbelege finden***, Arbeitsauftrag 1). Sie wählen mit der Schneeballmethode (s. u.) aus allen Textbelegen drei aus, die sie für besonders bedeutsam halten (ARBEITSBLATT 4a, Arbeitsaufträge 2–4). Einige Textbelege werden anschließend im Plenum vorgestellt und von Mitschülerinnen und Mitschülern sowie der Lehrkraft kommentiert. Schnellere Gruppen bearbeiten das Wörtersalat-Rätsel (ARBEITSBLATT 4a, Arbeitsauftrag *5).

Erläuterungen zur Schneeballmethode. Es kommen unterschiedliche Sozialformen zum Einsatz. Im vorliegenden Fall suchen die Schülerinnen und Schüler zunächst in Einzelarbeit drei Textstellen, die für die These »Wenzel Strapinski ist gelehrig« besonders zutreffend sind. Anschließend besprechen sie sich mit einem Partner und wählen aus den nun sechs Textbelegen die drei passendsten aus. Hierbei müssen die Schüler bereits argumentativ arbeiten und die Auswahl begründen; der Aufbau eines Arguments (Unterrichtsschritt 4.4) wird so vorbereitet. Anschließend werden Viererpaarungen gebildet, die sich wiederum für drei Belege entscheiden müssen. Diese Methode hilft zum einen dabei, selbst differenziert und begründet zu Entscheidungen zu gelangen, und zum anderen, einen Blick für die wesentlichen Textstellen zu erhalten. Die Gruppengröße könnte noch erhöht werden. Das ist aber nicht zwingend und wird hier auch nicht empfohlen.

4.4 Der Aufbau eines Arguments

EA / PA

ARBEITSBLATT 4b ➤ S. 42
Lösungshinweise ➤ S. 105
*ARBEITSBLATT 4c ➤ S. 43

Unterrichtsschritt. Die Schülerinnen und Schüler lösen in Einzelarbeit die Arbeitsaufträge auf dem ARBEITSBLATT 4b ***Der Weg zur literarischen Charakteristik: den Aufbau eines Arguments erfassen***. Anschließend vergleichen die Schüler in Partnerarbeit ihre Ergebnisse. Gegebenenfalls erfolgt eine Verbesserung im Plenum.

Erläuterungen. Die Schülerinnen und Schüler sollen den Aufbau der Argumentation einer literarischen Charakteristik erfassen, indem sie die dafür wesentlichen Elemente neben die richtige Stelle im aufgeführten Argument notieren und indem sie wichtige Textbausteine unterstreichen. Zur Differenzierung ist ein bereits stärker unterteiltes Argument vorhanden: *ARBEITSBLATT 4c ***Der Weg zur literarischen Charakteristik: den Aufbau eines Arguments erfassen – Variante***.

Textbausteine sind Überleitungen, aber auch komplexere Formulierungsmuster, die typisch für eine Textsorte sind. Gerade schwächere Schüler sollten diese am besten auswendig lernen, um einen flüssigen Text zu verfassen.

4.5 Entwicklung eines Arguments

PA

VORLAGE 4 ➤ S. 38

Unterrichtsschritt. Die Schülerinnen und Schüler verfassen in Partnerarbeit ein vollständiges Argument zu einer selbstgewählten These (Arbeitsauftrag nach VORLAGE 4 ***Weg zur literarischen Charakteristik: ein Argument formulieren***).

VORLAGE 4

Weg zur literarischen Charakteristik: ein Argument formulieren

Arbeitsauftrag:
Schreibe gemeinsam mit einem Partner / einer Partnerin ein eigenes Argument zu Wenzel Strapinski.

Überlegt euch zunächst eine passende Behauptung, sucht euch danach geeignete Textstellen als Beispiele und schreibt anschließend euer Argument. Denkt an passende Textbausteine!

4.6 Überarbeitung des Arguments

Unterrichtsschritt. Die Schülerinnen und Schüler überarbeiten gegenseitig in Vierergruppen die Argumente der jeweils anderen Partnergruppierung. Als Hilfestellung nutzen sie die Beurteilungsbögen (ARBEITSBLATT 4d ***Weg zur literarischen Charakteristik: Beurteilungsbogen***). GA ARBEITSBLATT 4d ➤ S. 44

Die Schülerinnen und Schüler, die entweder mit dem Schreiben des eigenen Arguments oder der Überarbeitung schneller fertig sind als andere, können – wieder in Einzelarbeit – den Arbeitsauftrag *5 auf dem ARBEITSBLATT 4a bearbeiten. Sie finden, wiederholend oder ihr Wissen erweiternd, Eigenschaften Wenzel Strapinskis aus einem Wörtersalat.

4.7 Präsentation und Zuordnung der Argumente (fakultativ)

Unterrichtsschritt. Die Schülerinnen und Schüler lesen ihre überarbeiteten Argumente vor. Danach werden die Schüleraufsätze dort an die Tafel geheftet, wo sie thematisch passen und den Wandel Strapinskis zeigen. UG

Hausaufgabe

In häuslicher Lektüre lesen die Schülerinnen und Schüler *Kleider machen Leute*, Reclam XL, 27,11–31,2.

Der Weg zur literarischen Charakterisierung: Textbelege finden

Arbeitsaufträge:

1. Markiere dir in deinem Steckbrief (und den Ergänzungen) farbig, welche Textstellen die Behauptung »Wenzel Strapinski ist gelehrig« belegen könnten.
2. Wähle dir aus allen markierten Textstellen die drei aus, die dir am wichtigsten erscheinen.
3. Besprich dich mit einem Partner und entscheidet euch aus euren sechs Vorschlägen für drei.
4. Bildet Vierergruppen und wählt wiederum die drei Textbelege aus, die die Aussage »Wenzel Strapinski ist gelehrig« am besten belegen. Schreibe diese Textstellen und die Begründung für ihre Auswahl hier auf:

Wenzel Strapinski ist gelehrig.

Textstelle 1:

Textstelle 2:

Textstelle 3:

Arbeitsauftrag:

*5. Wenn du mit anderen Aufgaben schneller fertig bist, kannst du folgende Aufgabe lösen: Finde aus folgendem Wörtersalat die passenden Eigenschaften! Du kannst 13 finden.

Wenzel Strapinski ist …

V	E	G	C	D	J	T	M	T	N	V	R	W	R	H	H	I	L	F	L	O	S	M	J	H	K
E	Y	A	P	G	E	L	E	H	R	I	G	J	H	M	N	T	Z	E	G	H	J	X	S	S	H
R	U	I	O	G	E	H	O	R	S	A	M	G	L	F	W	S	B	R	A	V	V	C	E	T	F
L	A	R	M	B	D	G	H	N	B	N	I	O	K	G	S	D	Q	K	J	D	G	T	R	O	G
I	W	S	T	I	L	L	F	X	C	V	K	J	M	N	F	D	S	A	H	W	S	R	T	L	E
E	S	T	Z	Q	W	U	N	E	N	T	S	C	H	I	E	D	E	N	J	H	T	S	R	Z	G
B	Y	A	P	O	E	R	T	C	V	F	R	H	G	T	G	S	D	R	E	H	C	I	S	N	U
T	X	Q	I	U	Z	G	I	T	H	C	R	Ü	F	R	H	E	F	D	U	E	I	T	E	L	H

ARBEITSBLATT 4b

Der Weg zur literarischen Charakteristik: den Aufbau eines Arguments erfassen

Arbeitsaufträge:

1. Lies dir folgendes Argument durch, das belegt, dass Wenzel Strapinski gelehrig ist.
2. Notiere dir in die freie Fläche rechts, an welchen Stellen du Behauptung, Begründung und Beispiel findest.
3. Unterstreiche dir in unterschiedlichen Farben Überleitungen und Wörter, die deutlich machen, dass nun ein Beispiel beginnt. (Man nennt diese für eine Textsorte typischen Wörter und Wortverbindungen »Textbausteine«.)
4. Vergleiche dein Ergebnis mit deinem Sitznachbarn.

Wenzel Strapinski ist gelehrig.

Das erkennt man daran, dass er schnell Sachen begreift und sich merken kann.

Zum Beispiel lernt er schnell das Spiel um Geld, das die Abendherren veranstalten (S. 16 f.) und gewinnt immer mehr dabei: »Als man das Spiel satt bekam, besaß er einige Louisdors, mehr als er jemals in seinem Leben besessen« (17,19 ff.).

Darüber hinaus wird deutlich, dass Strapinski gelehrig ist, weil er sich viele Dinge, die er sich während seiner Militärzeit angeeignet hatte, bis heute gemerkt hat und sie auch anwenden kann.

Beispielsweise hat er dort gelernt, eine Kutsche zu fahren und lenkte nun die Kutsche des Pütschli in »schulgerechter Haltung, in raschem Trabe durch das Tor« (15,6 f.), »fuhr in einem prächtigen Bogen auf und ließ die feurigen Pferde auf das beste anprallen« (15,11 ff.).

Des Weiteren kann man seine Gelehrigkeit daran festmachen, dass er ein gutes Gedächtnis hat.

So weiß er »einige polnische Worte, sogar ein Volksliedchen auswendig« (20,16 f.), obwohl er nur »einst einige Wochen im Polnischen gearbeitet« (20,14 f.) hatte.

Wenn man sich in so kurzer Zeit Wörter einer fremden Sprache einprägt, ohne darin unterrichtet zu werden, ist man gelehrig.

Zudem wird an der schnellen Anpassung Strapinskis an die Grafenrolle deutlich, dass er gelehrig ist.

Der einfache Schneider »wandelte […] sich […]. Er lernte in Stunden, in Augenblicken, was andere nicht in Jahren« (26,27–31).

Sowohl aus dem schnellen Begreifen des Glücksspiels, dem Merken von Dingen, die er vor längerer Zeit gelernt hat, als auch der schnellen Auffassungsgabe bei der Übernahme der Grafenrolle wird klar, dass Strapinski ein gelehriger Mann ist.

***ARBEITSBLATT 4c**

Der Weg zur literarischen Charakteristik: den Aufbau eines Arguments erfassen – Variante

Arbeitsaufträge:

1. Lies dir folgendes Argument durch, das belegt, dass Wenzel Strapinski gelehrig ist.
2. Notiere dir am Rand, an welchen Stellen du Behauptung, Begründung und Beispiel findest.
3. Unterstreiche dir in unterschiedlichen Farben Überleitungen und Wörter, die deutlich machen, dass nun ein Beispiel beginnt. (Man nennt diese für eine Textsorte typischen Wörter und Wortverbindungen »Textbausteine«.)
4. Vergleiche dein Ergebnis mit deinem Sitznachbarn.

Wenzel Strapinski ist gelehrig.	These/Behauptung
Das erkennt man daran, dass er schnell Sachen begreift und sie sich merken kann.	*Begründung*
Zum Beispiel lernt er schnell das Spiel um Geld, das die Abendherren veranstalten (S. 16 f.) und gewinnt immer mehr dabei: »Als man das Spiel satt bekam, besaß er einige Louisdors, mehr als er jemals in seinem Leben besessen« (17,19 ff.).	*Beispiel (Textbelege)*
Darüber hinaus wird deutlich, dass Strapinski gelehrig ist, weil er sich viele Dinge, die er sich während seiner Militärzeit angeeignet hatte, bis heute gemerkt hat und sie auch anwenden kann.	
Beispielsweise hat er dort gelernt, eine Kutsche zu fahren und lenkt nun die Kutsche des Pütschli in »schulgerechter Haltung, in raschem Trabe durch das Tor« (15,6 f.), »fuhr in einem prächtigen Bogen auf und ließ die feurigen Pferde auf das beste anprallen« (15,11 ff.).	
Des Weiteren kann man seine Gelehrigkeit daran festmachen, dass er ein gutes Gedächtnis hat.	
So weiß er »einige polnische Worte, sogar ein Volksliedchen auswendig« (20,16 f.), obwohl er nur »einst einige Wochen im Polnischen gearbeitet« (20,14 f.) hatte.	
Wenn man sich in so kurzer Zeit Wörter einer fremden Sprache einprägt, ohne darin unterrichtet zu werden, ist man gelehrig.	
Zudem wird an der schnellen Anpassung Strapinskis an die Grafenrolle deutlich, dass er gelehrig ist.	
Der einfache Schneider »wandelte […] sich […]. Er lernte in Stunden, in Augenblicken, was andere nicht in Jahren« (26,27–31).	
Sowohl aus dem schnellen Begreifen des Glücksspiels, dem Merken von Dingen, die er vor längerer Zeit gelernt hat, als auch der schnellen Auffassungsgabe bei der Übernahme der Grafenrolle wird klar, dass Strapinski ein gelehriger Mann ist.	

ARBEITSBLATT 4d

Weg zur literarischen Charakteristik: Beurteilungsbogen

Beurteilung des Arguments von ______________________________

durch ______________________________

Kreuze an:

Beurteilungskriterium	– –	–	+	+ +
Der Aufbau (Behauptung, Begründungen, Beispiele) wurde eingehalten.				
Die Behauptung erscheint logisch.				
Die Begründung ist verständlich.				
Die Textstellen wurden sinnvoll in Bezug zur Behauptung ausgewählt.				
Es wurden genügend passende Textstellen gefunden.				
Zitate wurden schön in den Text eingebaut.				
Es wurden geeignete Textbausteine verwendet.				
Eine Zusammenfassung rundet das Argument ab.				
Die Wortwahl ist abwechslungsreich.				
Der Satzbau ist richtig.				
Die Rechtschreibung stimmt.				
Der Text ist flüssig zu lesen.				

Notiert hier: Welche Textbausteine wurden verwendet?

____

____

____

____

____

5 Über den Ball und das Gartenereignis berichten

Sachanalyse

Die Exposition ist abgeschlossen, mit dem Abschnitt *Kleider machen Leute*, Reclam XL, 27,11–31,2, beginnt das erregende Moment, das hinführt zum Höhe- und Wendepunkt der Novelle.

Wenngleich sich Wenzel Strapinski nun dafür zu entscheiden scheint, die Rolle des Grafen zu spielen, hadert er dennoch mit sich und seinem Schicksal in schlaflosen Nächten. Sein Gewissen bringt ihn dazu, sich bei Gewinnspielen in anderen Städten zu beteiligen, um doch fliehen und das Gute, was ihm die Goldacher erwiesen hatten, zurückzahlen zu können. Schließlich gewinnt er diese größere Summe, die »hinreichte, jenen Rettungsgedanken auszuführen« (28,3 f.). Sein Plan ist, eine Geschäftsreise vorzugeben und dann abseits von Goldach »einen anständigen Lebensweg zu erspähen« (28,18 f.), wenngleich er lieber als Schneider in der Stadt geblieben wäre. Doch sein Ruf als Graf festigt sich mit jedem Tag, bestärkt noch durch den durch das Lotteriespiel erlangten »Wechsel [...], welchen er bei einem Goldacher Haus einkassierte« (28,35 f.).

Auf einem Ball tut er seine Reisepläne kund, woraufhin Nettchen erblasst, fortan nurmehr mit anderen jungen Herren tanzt und seine Tanzaufforderung ausschlägt. Wenzel nimmt seinen in wichtigen Momenten stets präsenten Mantel und verlässt den Ball tief in Gedanken über sein Unglück, dass er mit Nettchen nicht zusammenkommen könne. Diese jedoch folgt ihm und als er »bittend die Hände nach ihr ausstreckte, fiel sie ihm ohne weiteres um den Hals und fing jämmerlich an zu weinen« (30,2 ff.).

Das Dingsymbol des Mantels wird in der Folge wiederum aufgegriffen: »Er bedeckte ihre glühenden Wangen mit seinen fein duftenden dunklen Locken und sein Mantel umschlug die schlanke, stolze, schneeweiße Gestalt des Mädchens wie mit schwarzen Adlerflügeln« (30,4–8). Keller verwendet mit dem Mantel ein Motiv, das in der Literatur wiederholt vorkommt: »die magische, symbolische oder heraldische Funktion des Mantels«.[1] Im folgenden Wendepunkt der Novelle wird er abgelegt als Zeichen der »Entkleidung von falschen Würden. [...] So werden Mantel-Ablegen und -Abwerfen auch in Kellers Erzählung doppelgesichtig und doppelwertig, nicht wie schwarz und weiß moralisch eindeutig bewertbar.«[2]

Mit der Umarmung von Wenzel und Nettchen beginnt die Hinführung zum Wendepunkt; auf dem Gipfel des höchstens Glücks stürzt Wenzel schließlich extrem tief. Dennoch wird bereits hier im vorausschauenden Erzählerkommentar angedeutet, dass dieser dem Glück folgende Sturz noch nicht das Ende sein kann, denn Strapinski »verlor in diesem Abenteuer seinen Verstand und gewann das Glück, das öfter den Unverständigen hold ist« (30,10 ff.). Keller spielt an dieser Stelle mit dem Begriff des Verstandes: Wenzel Strapinski, der einerseits genügend Verstand besitzt, sich in der Rolle des Grafen zu arrangieren, ohne dass er verdächtig wirkt, wird weiterhin als »unverständig« beschrieben – möglicherweise im Vergleich zu Nettchen, die innerhalb der Novelle eine zunehmende Wandlung durchmacht vom auf Äußerlichkeiten bedachten Mädchen hin zur selbstbewussten, ihren Weg gehenden Frau. Das große Ideal der Aufklärung, den Verstand zu nutzen, wird hier differenziert beleuchtet; in manchen Momenten ist der Verstand ohnmächtig, das Schicksal bzw. Glück greift ein und begünstigt möglicherweise diejenigen, die eher dem Herzen folgen.

Nettchen ergreift sofort die Initiative und »eröffnete ihrem Vater noch in selbiger Nacht beim Nachhausefahren, dass kein anderer als der Graf der Ihrige sein werde« (30,12 ff.), und Wenzel Strapinski hält am nächsten Morgen beim Amtsrat um ihre Hand an. Mit diesem Happy End könnte die Novelle beendet sein, doch Keller führt sie in der Folge zum dramatischen Höhepunkt.

1 Klaus Jeziorkowski, *Gottfried Keller. »Kleider machen Leute«. Text, Materialien, Kommentar*, München 1984, S. 86.

2 Ebd., S. 87.

Unterrichtsverlauf

Überblick. Nach ersten Einblicken in das höfische Prachtleben eines Balles anhand eines Bildes lernen die Schülerinnen und Schüler Merkmale und Typika der Sachtextsorte Bericht an einem Beispieltext kennen. Sie erschließen sich weitere Szenen aus der Novelle, über die Berichte angefertigt werden können, mit Hilfe von W-Fragen, berichten über das Ballereignis, auf dem Nettchen und Wenzel ein Paar werden, und beurteilen ihre Berichte anhand der Methode Textlupe. ! **Verkürzter Verlauf: 5.1 – 5.2 – 5.3 – 5.4 –5.5**

Phase	Thema	Sozialform	Kompetenzen und Lernziele	Materialien
Voraussetzungen: Textkenntnis bis 31,2				
5.1	Einstieg: Bildbeschreibung	UG	• Erkennen, welch Prunk auf Bällen herrschte • Verstehen, dass auch Adlige und »Höherrangige« nur Menschen sind	VORLAGE 5 ➤ S. 47
5.2	Kennzeichen des Berichts	PA / UG	• Sich mit einem Bericht auseinandersetzen • Textsortenmerkmale erkennen	ARBEITSBLATT 5a ➤ S. 49
5.3	Erschließen von Szeneninhalten mit W-Fragen	PA	• Zu verschiedenen Szenen Berichte planen • Genreübergreifend arbeiten	ARBEITSBLATT 5b ➤ S. 50
5.4	Berichten über das Ballereignis	EA	• Einen Bericht verfassen • Die Entwicklung in der Novelle nachvollziehen	ARBEITSBLATT 5c ➤ S. 51
5.5	Überarbeiten des Berichts: Textlupe	EA / GA	• Wichtige Berichtelemente erfassen • Den Blick schärfen für Erfordernisse bestimmter Textsorten	ARBEITSBLATT 5d ➤ S. 52
5.6 **fakultativ**	Präsentation der Berichte	UG	• Arbeitsergebnisse vorstellen • Differenziert würdigen	
HA	Lektüre: Der Höhepunkt			*Kleider machen Leute*, Reclam XL, 31,2–38,14

5.1 Einstieg: Bildbeschreibung

UG

VORLAGE 5
➤ S. 47

Unterrichtsschritt. Die Schülerinnen und Schüler betrachten das Bild VORLAGE 5 ***Adolph von Menzel (1815–1905), »Ballsouper«, 1878*** und beschreiben, was sie sehen sowie ihre Eindrücke. Sie erhalten den übergeordneten Auftrag, im Laufe der Unterrichtsstunde in ihrer Phantasie an einem solchen Ballereignis teilzunehmen und darüber als Journalisten zu berichten (Ziel der Stunde). Ihre Quelle ist die Beschreibung in Gottfried Kellers *Kleider machen Leute.*

Erläuterung zu VORLAGE 5. »Der Maler hat den Augenblick gewählt, wo die Gäste in der Tanzpause den Sturm auf das Buffet wagen, den Augenblick also, wo Etikette und gutes Benehmen durch den Drang zum Buffet zeitweise außer Kraft gesetzt werden, wo sich in der glänzenden Uniform, im schimmernden Ballkleid die wahre Natur des Menschen zeigt – dieser Gegensatz bestimmt zu einem wesentlichen Teil die Auswahl der Gesten und Verhaltensweisen. Links im Bild eine Gruppe von drei Männern, die mit dem Problem kämpfen, nur zwei Hände für Glas, Teller, Besteck und Helm oder Zweispitz zu haben. Am wenigsten elegant löst dieses Problem der im Vordergrund stehende Herr, der, seinen Zweispitz zwischen die Knie geklemmt, Glas und Teller mit der Linken haltend, den harterkämpften Bissen mit der Rechten zum Munde führt. Die kostbar gekleideten Damen, die die wenigen Stühle besetzt haben, könnten ebenfalls in vorteilhafteren Posen dargestellt werden. Wären die teuren Roben nicht, man könnte sie für die in der Genremalerei der Zeit so beliebten Bäuerinnen bei der Mittagsrast halten. Auch bei dem Gedränge im Hintergrund, wo Teller gefährlich über den Köpfen schweben und einzelne Figuren sich mit ihrer Beute aus dem Gewühl winden, könnte man an Bilder aus ländlichen Bereichen denken.« (Otto Kammerlohr, *Epochen der Kunst*, Bd. 4: *19. und 20. Jahrhundert*, München: Oldenbourg, 1989, S. 124.)

VORLAGE 5

Adolph von Menzel (1815–1905), *Ballsouper*, 1878

5.2 Kennzeichen des Berichts

Unterrichtsschritt. Die Schülerinnen und Schüler erhalten einen fiktiven Bericht aus dem *Goldacher Tagblatt* zur Ankunft Wenzel Strapinskis in dem Städtchen und sollen daran die Merkmale des Berichts festmachen (ARBEITSBLATT 5a ***Zeitungsbericht zur Ankunft Wenzel Strapinskis in Goldach***). Im Anschluss werden die Merkmale gemeinsam mit der Dokumentenkamera verbessert.

PA / UG

ARBEITSBLATT 5a
➤ S. 49
Lösungshinweise
➤ S. 106

Alternativen. Bei Bedarf werden die wesentlichen Elemente des Berichts wiederholt: sachlicher Stil, W-Fragen, Präteritum, indirekte Rede. Alternativ oder zusätzlich können zur Differenzierung auch die W-Fragen, die in den Lösungshinweisen zu ARBEITSBLATT 5a zu finden sind, den schwächeren Schülerinnen und Schülern ausgeschnitten gegeben werden. Diese müssen nunmehr lediglich eine Zuordnung zum Text vornehmen.

5.3 Erschließen von Szeneninhalten mit W-Fragen

Unterrichtsschritt. Mit Hilfe des ARBEITSBLATTS 5b ***Bericht: die W-Fragen erfassen*** gehen die Schülerinnen und Schüler unterschiedliche Szenen, die sie bereits gelesen haben, durch und beantworten vorbereitend für einen Bericht die W-Fragen.

PA

ARBEITSBLATT 5b
➤ S. 50
Lösungshinweise
➤ S. 107

Alternative zur Differenzierung. Den schwächeren Schülerinnen und Schülern können die Antworten aus den Lösungshinweisen zum ARBEITSBLATT 5b ausgeschnitten werden. Die Schülerinnen und Schüler müssen diese den jeweiligen Szenen und Fragen der Tabelle zuordnen.

5.4 Berichten über das Ballereignis

EA

ARBEITSBLATT 5c
➤ S. 51

Unterrichtsschritt mit Erläuterungen. Im nächsten Unterrichtsschritt berichten die Schülerinnen und Schüler in der Rolle eines Journalisten des *Goldacher Tagblattes* über das Ballereignis sowie die direkte Folgen. Dafür kann das ARBEITSBLATT 5c ***Einen Bericht verfassen*** verwendet werden.

Schülerinnen und Schüler, die sehr zügig arbeiten, können weitere Situationen vom ARBEITSBLATT 5b als Bericht gestalten. Auch ist es möglich, als Hausaufgabe weitere Situationen als Bericht formulieren zu lassen. Dies ist eine gute Übung, falls eine Prüfung zum Thema Bericht geplant ist (siehe Klausurvorschläge S. 97).

5.5 Überarbeiten des Berichts: Textlupe

EA / GA

ARBEITSBLATT 5d
➤ S. 52

Unterrichtsschritt. Schließlich beurteilen die Schüler gegenseitig ihre Berichte, indem sie sie untereinander austauschen und die Textlupe (s. u.) anwenden (ARBEITSBLATT 5d ***Reflexion über meinen Bericht***). Sollte noch Zeit sein, können die Texte anschließend entsprechend den Erfordernissen, die in der Textlupe benannt wurden, verbessert werden.

Erläuterungen. Die Textlupe ist eine Methode zur Beurteilung von Texten. Die Schülerinnen und Schüler geben ihre Texte mindestens drei anderen zu lesen. Gleichzeitig reichen sie ein Beurteilungsblatt mit. In dieses wird eingetragen, was bereits gut gelungen ist, an welchen Stellen noch Verbesserungsbedarf besteht und welche weiteren Tipps die Mitschülerinnen und Mitschüler für den Schreiber / die Schreiberin haben. Die Schülerinnen und Schüler erhalten somit einen Blick für wichtige Aspekte der Textgestaltung.

5.6 Präsentieren der Berichte (fakultativ)

UG

Unterrichtsschritt. Die Schülerinnen und Schüler lesen dem Plenum einige ausgewählte Berichte vor.

Erläuterung zur Vorgehensweise. Die Würdigung von Textergebnissen trägt dazu bei, dass die Schülerinnen und Schüler die Freude am Schreiben beibehalten oder entwickeln. Zudem kann im Vortrag überprüft werden, inwieweit sie das Schreiben der Textsorte Bericht bereits beherrschen. Wichtig ist, dass Rückmeldungen zum Text konstruktiv erfolgen, also mit Lob von gut Gemachtem und Verbesserungsvorschlägen als Hilfestellung.

Hausaufgabe

In häuslicher Lektüre lesen die Schülerinnen und Schüler *Kleider machen Leute*, Reclam XL, 31,3–38,14.

ARBEITSBLATT 5a

Zeitungsbericht zur Ankunft Wenzel Strapinskis in Goldach

Arbeitsauftrag:
Lies folgenden Bericht über die Ankunft Wenzel Strapinskis in Goldach und notiere dir am Rand, welche Merkmale typisch sind für einen Bericht. Umkreise oder unterstreiche dazu die passenden Stellen im Bericht. Verwende verschiedene Farben zur Zuordnung.

Goldacher Tagblatt

Nr. 223 | **20. November 1873**

EILMELDUNG

Echter Graf in Goldach abgestiegen

Goldach. Ein besonderes Ereignis trug sich heute in Goldach zu. Ein gutaussehender Graf oder Königssohn reiste in außergewöhnlicher Pracht an. In einer herrschaftlichen Kutsche kam der in einen vornehmen Radmantel gekleidete Adelige gegen Mittag in unserem schönen Städtchen an und stieg im Gasthaus »Zur Waage« ab. Schnell sammelte sich eine große Menschenmenge an und bestaunte das ungewöhnliche Spektakel. Der Gast wirkte etwas blass von der Reise und leicht schwermütig. Auf Anfrage des *Goldacher Tagblattes* erwiderte der Waagwirt, dass er sehr stolz sei auf den hohen Besuch, dass er bislang aber noch nichts Näheres wisse. Sobald dem *Goldacher Tagblatt* weitere Informationen vorliegen, erfahren Sie als unsere Leser es als Erste.

(Zum Nachlesen: *Kleider machen Leute*, Reclam XL, 4,31–5,18.)

ARBEITSBLATT 5b

Bericht: die W-Fragen erfassen

Situation	WER ist beteiligt?	WO ist es passiert?	WANN ist es passiert?	WAS genau ist passiert?	WIE genau ist es passiert?
Wenzel Strapinski kommt nach Goldach 4,31–5,18	Wenzel Kutsche Waagwirt Zuschauer	Vor dem Gasthaus »Zur Waage«	An einem Mittag im November	Kutsche kommt an, Wenzel springt heraus.	Staunen über die prächtige Kutsche; Vermutung, dass der Schneider ein Prinz/Graf ist
Der Beginn des Abendessens im Gasthaus »Zur Waage« 8,24–10,7					
Die erste Begegnung mit den »Abendherren« 12,31–14,12					
Die Einladung auf das Gut des Amtsrates 15,10–17,31					
Ballbesuch und Gartenszene 29,5–30,12					

ARBEITSBLATT 5c

Einen Bericht verfassen

Goldacher Tagblatt

Nr. 1873

Bild

Goldach/Seldwyla.

Reflexion über meinen Bericht

Arbeitsauftrag:
Gib deinen Bericht mindestens drei Mitschülerinnen bzw. Mitschülern zur Lektüre. Sie sollen dir in der angehängten Textlupe zeigen, was du bereits gut gemacht hast, jedoch auch, was noch besser werden könnte. Dabei sollen sie die Kriterien für einen guten Bericht berücksichtigen.

Kriterien für einen guten Bericht:
- Hat der Verfasser / die Verfasserin des Berichts eine passende Überschrift gefunden?
- Wurden die W-Fragen beantwortet?
- Wenn nein, welche fehlen?
- Was müsste sonst ergänzt werden?
- Hat der Verfasser / die Verfasserin indirekte Rede verwendet?
- Wurde dem Bericht etwas Sinnvolles hinzugefügt, was so nicht in der Lektüre steht?
- Ist die Darstellung kurz und bündig?
- Ist die Sprache sachlich?
- Wurde die Zeitform Präteritum eingehalten?
- Ist die Rechtschreibung in Ordnung?
- Sind die Sätze grammatisch richtig gestaltet?

Textlupe für: ______________________________

Name:	Das hast du gut gemacht:	Das würde ich so machen:	Diesen Tipp habe ich noch für dich:

6 Den Wendepunkt nachvollziehen

Sachanalyse

Der Höhe- bzw. Wendepunkt der Novelle vollzieht sich im Textabschnitt *Kleider machen Leute*, Reclam XL, 31,3–38,14. »Das Verlobungsfest [...] ist die zentrierende Mitte des Textes, seine Mittelachse. Und es verblüfft so nicht bei der Kellerschen Textökonomie und -architektur, daß sich diese Textpartie auch genau in der numerischen Mitte des Textes befindet.«[1] Ebenfalls mittig gelegen, soll das Fest auf einer Anhöhe, die sich etwa zwei Stunden Fahrtzeit mit der Kutsche entfernt genau zwischen Goldach und Seldwyla befindet, stattfinden. Für dieses Fest und für Brautgeschenke gibt Wenzel Strapinski all sein gewonnenes Geld aus.

Der von Nettchen verschmähte und »verhöhnt[e]« (30,29) Melcher (jetzt »Melchior« genannt, 30,27 und 32,25) Böhni hat noch vor diesem Fest in Seldwyla Geschäfte zu erledigen, bei denen er vermutlich den folgenden Seldwyler Narrenzug initiiert, wenngleich dies nicht explizit gesagt, sondern durch die zweimalige Wendung »geschah es« (31,24) bzw. »es geschah« (31,28) lediglich angedeutet wird.

Im Folgenden wird humorvoll »der Goldacher Schlittenzug« (31,32) beschrieben, der die verschneiten Landstraßen nutzt, um zum Gasthof auf der Anhöhe zu gelangen. Wenzel und seine künftige Frau fahren im Schlitten des an diesem Tage verhinderten Amtsrats mit dem Namen »Fortuna« – eine Anspielung auf das Glück des Paares –, gefolgt von etwa 15–16 weiteren Schlitten, die jeweils »das Sinnbild des Hauses, dem jeder angehörte, [trugen], so dass das Volk rief: ›Seht, da kommt die Tapferkeit! Wie schön ist die Tüchtigkeit! Die Verbesserlichkeit scheint neu lackiert zu sein und die Sparsamkeit frisch vergoldet! [...]‹« (32,18–22). »Dieser wurmstichige Allegorienreigen Goldachs bereitet direkt die höllische allegorisch-emblematische Fastnachtsscharade der Seldwyler auf Nettchens und Wenzels Verlobungsfest vor. Innerhalb des scheinbar gutmütigen und behäbigen Duktus der Erzählung, die selbst nach dem Goldacher Prinzip der Vergoldung [...] gearbeitet erscheint, ist die grauenhafte Eisigkeit der Katastrophe bei der Demaskierung Wenzels nie ganz voll zur Kenntnis genommen worden. Ich selbst fürchte mich bei jeder Lektüre vor dieser Stelle, weil hier unter der vergoldeten Welt ein bodenloses Loch, ein durch nichts zu schließender Höllen- und Eisesabgrund sich auftut.«[2]

Entgegen kommt dem Goldacher Zug einer »von abenteuerlichem Anblick« (33,4). Auch hier führt den Zug ein Schlitten an mit einer riesigen Figur, »die Göttin Fortuna vorstellend« (33,9) mit der Inschrift »Leute machen Kleider« (33,35), während ein Ziegenbock auf dem folgenden Schlitten die Fortuna zu jagen scheint. Weitere Schlitten zeigen Bügeleisen, Schere und weitere »landläufige Anspielungen auf das Schneiderwesen« (33,21 f.); der letzte Schlitten mit Insassen, die verkleidete Adelige darstellen, endet mit der Aufschrift »Kleider machen Leute!« (34,6). An dieser Stelle spielt Keller gekonnt mit dem Titel seiner Novelle, den er in diesem Schlittenbild symbolisch verdichtet in seiner ganzen Bandbreite und hier doppelten Bedeutung. Anfang und Ende des Zugs deuten die Entwicklung Wenzels vom Schneider zum Grafen an. Die Namen der Schlitten des Goldacher Zuges werden von den Seldwylern durch »übergroße Strohpuppen karikiert [...], die die Hohlheit der repräsentativen Allegorien schonungslos offenlegen. Desgleichen verweist der mitgeführte übergroße Ziegenbock auf die Rolle des Sündenbocks, die Wenzel nur zu bald übernehmen muß für die berechnende Leichtgläubigkeit seiner nunmehr empörten Gastgeber.«[3]

Die Seldwyler beziehen die unteren Räume im Gasthof, während die Goldacher ihre Plätze im ersten Stock mit dem »großen Festsaale« (34,18) einnehmen, indes Wenzel bereits »dunkle Empfindungen« (34,23) quälen, obwohl er den Herkunftsort des anderen Zuges noch nicht kennt, was Melchior Böhni schürt, indem er einen falschen Herkunftsnamen angibt.

Gerade als die Goldacher zu tanzen beginnen wollen, erscheinen Angehörige des Seldwyler Zuges, um einen Schautanz vorzuführen. Bei diesem Tanz skizzieren unterschiedliche Gruppen »in zierlichem Gebärdenspiel den Satz ›Leute machen Kleider‹ und dessen Umkehrung [...], indem sie erst mit Emsigkeit irgendein stattliches Kleidungsstück [...] anzufertigen schien[en] und sodann eine dürftige Person damit bekleidete[n], welche, urplötzlich umgewandelt, sich in höchstem Ansehen aufrichtete« (35,16–24). Die letzte Vorführung zeigt ein Ebenbild des Grafen

1 Wilhelm Große, *Modelle zum Umgang mit der Novelle im Deutschunterricht der Sekundarstufe I und II. E. T. A. Hoffmanns »Das Fräulein von Scuderi« und Gottfried Kellers »Kleider machen Leute«*, Mainz 1983, S. 56.

2 Klaus Jeziorkowski, *Gottfried Keller. »Kleider machen Leute«. Text, Materialien, Kommentar*, München 1984, S. 95.

3 Christian Stotz, *Das Motiv des Geldes in der Prosa Gottfried Kellers*, Frankfurt a. M. 1998, S. 137.

Strapinski im Mantel, der vor allen beginnt, auf dem Boden sitzend, einen Grafenrock zu nähen. Als die Musik endet, entpuppt sich der Tänzer als Strapinskis ehemaliger Meister; er stellt Strapinski vor allen bloß, indem er dessen wahre Identität herausruft. Der gekränkte Böhni verbreitet die Nachricht unter den Goldachern und diese verlassen gemeinsam mit den Seldwylern, die während ihres Abzuges einen »wohleinstudierten diabolischen Lachchor[ ]« (37,28 f.) veranstalten, den Saal, bis dieser beinahe leer ist. Interessant ist hier das Verhalten der Goldacher, die, enttäuscht von Strapinski, nicht dessen mögliche Erklärung abwarten, sondern gehen, ohne ihre eigene Mitverantwortung dafür zu sehen, dass er in die Rolle des Grafen von ihrer Seite aus gedrängt worden war. Deutlich wird dabei der Widerspruch zwischen bürgerlicher Moral auf der einen Seite, die Mitgefühl und Verständnis propagiert, und dem tatsächlichen Handeln auf der anderen. Der Unterhaltungs- und Attraktionswert, den der vermeintliche Graf geboten hat, ist durch seine wahre Herkunft ins Unendliche gesunken; dies führt dazu, dass Strapinski nunmehr verachtet wird.

»Das Paar saß unbeweglich auf seinen Stühlen gleich einem steinernen ägyptischen Königspaar« (38,5 f.); dann wendet sich Nettchen Wenzel zu, der in diesem Moment keine Erklärung für sie hat, sondern weinend und hilflos den Raum verlässt und den einzigen Ausweg im Tod sieht. »Während der Schneider über Recht und Unrecht grübelt, weint er; die Goldacher aber ›weinen nicht‹ über sich, die sie in der Scheinwelt der bürgerlichen Ehrenhaftigkeit gewissenlos ihre Pfründe eintreiben. […] Der harmlose und von den Erwartungen und Interessen der Bürger viel eher als von Strapinski selbst geförderte Betrug wird somit vollends geringfügig angesichts des Betruges, der gerade in den normalen, nach außen hin einwandfreien bürgerlichen Karrieren steckt.«[4]

4 Große (Anm. 1), S. 57.

Unterrichtsverlauf

Überblick. In der Einstiegsphase überprüfen die Schülerinnen und Schüler ihr Textverständnis anhand von in der Novelle vorkommenden veralteten Ausdrücken oder Fremdwörtern im Spiel. Durch die Beantwortung detaillierter Fragen kommen die Schülerinnen und Schüler zu einem vertieften Verstehen des Höhepunktes der Novelle, den sie anschließend szenisch spielen, um neben kognitiven auch persönlichkeitsbezogene und soziale Fähigkeiten zu erlangen.

Phase	Thema	Sozialform	Kompetenzen und Lernziele	Materialien
Voraussetzungen: Textkenntnis bis 38,14				
6.1	Einstieg: Bingo zu den unbekannten Wörtern	UG	• Textverständnis herstellen • Alte Begriffe verstehen	ARBEITSBLATT 6a ➤ S. 57 VORLAGE 6a ➤ S. 55
6.2	Beantwortung von Fragen zum Text	GA	• Vertieftes Textverständnis erlangen	ARBEITSBLATT 6b ➤ S. 61
6.3	Szenisches Spiel des Wendepunkts	GA	• Fremdverstehen und Perspektivenübernahme erreichen	ARBEITSBLATT 6b ➤ S. 61
6.4	Weiterschreiben der Szene	EA	• Fremdverstehen und Identitätsbildung entwickeln • Schreibstil kopieren	VORLAGE 6b ➤ S. 56

UG

ARBEITSBLATT 6a ➤ S. 57

VORLAGE 6a ➤ S. 55

6.1 Einstieg: Bingo zu unbekannten Wörtern

Unterrichtsschritt. Als Einstieg wird das Spiel »Bingo« mit den im Text in den Fußnoten erklärten Wörtern gespielt. Die Schüler erhalten dafür jeweils eins von zwölf Schülerexemplaren des ARBEITSBLATTS 6a ***Bingo zu den unbekannten Wörtern***. Die Lehrkraft liest die einzelnen alten Wörter (kursiv gedruckt) des Lehrerexemplars vor (ebenfalls ARBEITSBLATT 6a). Dabei achtet sie darauf, die Wörter nicht in der vorgegebenen Reihenfolge zu lesen, sondern zu mischen, damit alle Schüler eine faire Chance haben. Die Aufgabenstellung (VORLAGE 6a ***Bingo den zu unbekannten Wörtern – Arbeitsauftrag***) wird an die Tafel projiziert.

VORLAGE 6a

Bingo zu den unbekannten Wörtern

Arbeitsauftrag:
Hör genau zu, welche Wörter vorgelesen werden. Kreuze die passende »Übersetzung« an, wenn du sie auf deinem Bingoblatt findest. Wenn du vier Kreuze in einer Reihe (horizontal, vertikal oder diagonal) hast, ruf BINGO!

Erläuterungen. Spätestens an dieser Stelle sollte den Schülerinnen und Schülern klar sein, um was es in der Novelle geht. Das Spiel »Bingo« wird hier dazu eingesetzt, den durch die alte Sprache fremd und teilweise schwierig wirkenden Text vertraut zu machen.

Wenn ein Schüler »Bingo« gerufen hat, muss das Spiel nicht zu Ende sein, sondern es können weitere Wörter vorgelesen werden, bis mehrere Schüler erfolgreich vier Kreuze in einer Reihe haben. Es bietet sich an, dass die Schüler, die »Bingo« gerufen haben, nicht nur ihre vier »Übersetzungen« vorlesen, sondern zusätzlich die dazu passenden Wörter aus dem Text nennen.

Erscheint das Spiel in dieser Form zu schwierig, besteht die Möglichkeit, dass die Schüler vorab für die »Übersetzungen« auf ihrem Bingoblatt die Originalbegriffe in der Textausgabe suchen (s. Worterläuterungen in *Kleider machen Leute*, Reclam XL) und dazuschreiben, bevor die Begriffe von der Lehrkraft vorgelesen werden.

Es liegen zwölf Schülerexemplare vor, die je nach Stärke der Klasse vervielfältigt werden müssen; einige Schüler werden somit das gleiche Exemplar vorliegen haben.

6.2 Beantwortung von Fragen zum Text

Unterrichtsschritt. Die Schülerinnen und Schüler werden in drei Gruppen eingeteilt. Sie beantworten in ihrer Gruppe Fragen zum Text (ARBEITSBLATT 6b ***Szenisches Spiel: Vorbereitung***, Arbeitsauftrag 1). Die Fragen vertiefen das Textverständnis.

GA

ARBEITSBLATT 6b
➤ S. 61
Lösungshinweise
➤ S. 108

Erläuterungen. Die Gruppeneinteilung kann je nach Größe der Klasse erfolgen. Ist die Klasse sehr klein, kann Gruppe 1 – die inhaltlich die Hinführung zum Höhepunkt bearbeitet, die bereits in der Stunde davor z. T. besprochen wurde – weggelassen werden.

6.3 Szenisches Spiel des Wendepunkts

Unterrichtsschritt. Die Schülerinnen und Schüler spielen arbeitsteilig in Gruppen Hinführung und Höhe- und Wendepunkt der Novelle in einer szenischen Aufführung. Ihr Spiel bereiten sie selbständig mit Hilfe ihres ARBEITSBLATTS 6b ***Szenisches Spiel: Vorbereitung***, Arbeitsauftrag 2, vor. Durch die vorherigen Fragen wurden sie bereits auf die wesentlichen Aspekte hingeleitet. Nach der jeweiligen Präsentation im Plenum werden die Fragen von den Schülerinnen und Schülern jeder Gruppe für ihre Mitschüler beantwortet, so dass alle über den gleichen Informationsstand verfügen.

GA

ARBEITSBLATT 6b
➤ S. 61

Erläuterungen. Erforderliche Requisiten werden von den Schülerinnen und Schülern gebastelt oder durch »entfremdete« Gegenstände aus dem Klassenzimmer gestaltet. Die Rollenzuteilung erfolgt durch Auslosung. Für jede Gruppe sind neun Lose vorgesehen. Sollten es mehr oder weniger Gruppenmitglieder sein, können »kleine Rollen« wie die »Bürgerinnen und Bürger« gelöscht oder vermehrt werden. Bei der dritten Gruppe können die Figuren der »Krähe« sowie von »Wolf« und »Esel« von einer Person gespielt werden. Vermehrt werden können die Rollen »Näher« und »arme Personen«.

6.4 Weiterschreiben der Szene

EA

VORLAGE 6b

➤ S. 56

Unterrichtsschritt. Die Schülerinnen und Schüler überlegen in Einzelarbeit, wie die Novelle weitergehen könnte und schreiben dies auf (VORLAGE 6b ***Kreatives Schreiben: Schluss der Novelle***).

VORLAGE 6b

Kreatives Schreiben: Schluss der Novelle

»Da stand er langsam auf und ging mit schweren Schritten hinweg, die Augen auf den Boden gerichtet, während große Tränen aus denselben fielen.«

Kleider machen Leute, Reclam XL, 38,12 ff.

Arbeitsauftrag:
Wie geht es weiter? Schreibe einen passenden Schluss!

Erläuterungen. Diese Aufgabe kann ggf. auch als Hausaufgabe bzw. für schnelle Gruppen als Puffer verwendet werden. Die Ergebnisse werden in der folgenden Stunde zum Einstieg verwendet.

Bingo zu den unbekannten Wörtern – Lehrerexemplar

diabolisch teuflisch	*drapieren* schmücken	*Äther* Himmel	*Sammet* Samt	*huldreich* gnädig	*kolossal* riesig, groß
frevelhaft verwerflich	*Mirakel* Wunder	*Überrock* leichter Herrenmantel	*Fortuna* römische Glücksgöttin	*famos* fabelhaft, großartig	*unverweilt* schnell
Schultheiß Bürgermeister	*sattsam* genug	*Galion* Vorbau am Bug von Segelschiffen	*Tokaier* kostbarer Wein aus Ungarn	*Kämbel* Kamel	*angelegentlich* nachdrücklich
Pomade fetthaltige Substanz zur Haarpflege	*auf das holdseligste* mit höchster Anmut	*Werg* Abfall von Flachs/Hanf	*fadenscheinig* schadhaft, schäbig	*Comptoirstuhl* Bürostuhl	*Philanthropie* Menschenliebe
Hasardspiel Glücksspiel	*schnupfen* Schnupftabak einsaugen	*haspeln* aufwickeln	*Bottich* hölzernes Gefäß	*nobel* vornehm, edel	*melancholisch* schwermütig, trübsinnig
wacker tüchtig	*Priestertalar* Amtstracht von Geistlichen	*Troddel* hängendes Bündel von Fäden	*in höchster Gravität* mit würdevollem Auftreten	*Gaze* lose gewebter, durchsichtiger Stoff	*Flittergold* dünne Messing-folien
Weibergut Vermögen, das die Frau in die Ehe bringt	*Bartwichse* Fett zum Glätten der Barthaare	*Kapitelsherren* Weltgeistliche einer Domkirche	*traulich* Eindruck von Gemütlichkeit erweckend	*Zeche* Rechnung für Speisen und Getränke	*Eulenspiegelei* Schelmenstreich
stutzerhaft eitel	*vernagelt* borniert, (geistig) beschränkt	*aufgedrungen* aufgezwungen	*Husar* Reitersoldat	*Wildfang* lebhaftes Kind	*Prokurist* Bevollmächtigter
Eisenschimmel eisengraues Pferd	*keltern* Weintrauben auspressen	*Amtsrat* Verwaltungs-beamter im gehobenen Dienst	*Roter Sauser* junger Rotwein	*dünken* scheinen	*mit Pelz verbrämt* mit Pelz verziert
Stiftsdamen adlige Bewohne-rinnen eines Klosters	*Geschwader* großer Verband von Kriegsschiffen	*Spinnerei* Unternehmen, das Baumwolle zu Garn verarbeitet	*pferchen* in eine Einfriedung aus Brettern sperren	*Notar* beglaubigt Verträge und Urkunden	*Polacke* Pole
hold anmutig, lieblich	*genugsam* genügend lange Zeit	*Kompagnon* Geschäftspartner	*Trüffel* teure, schmack-hafte Pilze	*aus dem Stegreif* sofort	*Blödigkeit* Zaghaftigkeit, Schwäche
Express Eilbote	*Dukaten* Goldmünzen	*Harnisch* Ritterrüstung	*Zuckerbeck* Konditor	*sputen* sich beeilen	*lamentieren* laut jammern
artig ordentlich, ansehnlich	*Konfekt* feine Süßigkeit	*Pastete* gefülltes Gebäck	*beredt* redegewandt	*Schlag* Wagentür	*Habitus* Erscheinungsbild einer Person

Bingo zu den unbekannten Wörtern – Schülerexemplare

1

teuflisch	schmücken	Himmel	Samt
verwerflich	Wunder	leichter Herrenmantel	römische Glücksgöttin
Bürgermeister	genug	Vorbau am Bug von Segelschiffen	kostbarer Wein aus Ungarn
fetthaltige Substanz zur Haarpflege	mit höchster Anmut	Abfall von Flachs/Hanf	schadhaft, schäbig

2

Himmel	Samt	gnädig	riesig, groß
leichter Herrenmantel	römische Glücksgöttin	fabelhaft, großartig	schnell
Vorbau am Bug von Segelschiffen	kostbarer Wein aus Ungarn	Kamel	nachdrücklich
Abfall von Flachs/Hanf	schadhaft, schäbig	Bürostuhl	Menschenliebe

3

fetthaltige Substanz zur Haarpflege	mit höchster Anmut	Abfall von Flachs/Hanf	schadhaft, schäbig
Glücksspiel	Schnupftabak einsaugen	aufwickeln	hölzernes Gefäß
tüchtig	Amtstracht von Geistlichen	hängendes Bündel von Fäden	mit würdevollem Auftreten
Vermögen, das die Frau in die Ehe bringt	Fett zum Glätten der Barthaare	Weltgeistliche einer Domkirche	Eindruck von Gemütlichkeit erweckend

4

Abfall von Flachs/Hanf	schadhaft, schäbig	Bürostuhl	Menschenliebe
aufwickeln	hölzernes Gefäß	vornehm, edel	schwermütig, trübsinnig
hängendes Bündel von Fäden	mit würdevollem Auftreten	lose gewebter, durchsichtiger Stoff	dünne Messingfolien
Weltgeistliche einer Domkirche	Eindruck von Gemütlichkeit erweckend	Rechnung für Speisen und Getränke	Schelmenstreich

Schülerexemplare

5

Vermögen, das die Frau in die Ehe bringt	Fett zum Glätten der Barthaare	Weltgeistliche einer Domkirche	Eindruck von Gemütlichkeit erweckend
eitel	borniert, (geistig) beschränkt	aufgezwungen	Reitersoldat
eisengraues Pferd	Weintrauben auspressen	Verwaltungsbeamter im gehobenen Dienst	junger Rotwein
adlige Bewohnerinnen eines Klosters	großer Verband von Kriegsschiffen	Unternehmen, das Baumwolle zu Garn verarbeitet	in eine Einfriedung aus Brettern sperren

6

Weltgeistliche einer Domkirche	Eindruck von Gemütlichkeit erweckend	Rechnung für Speisen und Getränke	Schelmenstreich
aufgezwungen	Reitersoldat	lebhaftes Kind	Bevollmächtigter
Verwaltungsbeamter im gehobenen Dienst	junger Rotwein	scheinen	mit Pelz verziert
Unternehmen, das Baumwolle zu Garn verarbeitet	in eine Einfriedung aus Brettern sperren	beglaubigt Verträge und Urkunden	Pole

7

adlige Bewohnerinnen eines Klosters	großer Verband von Kriegsschiffen	Unternehmen, das Baumwolle zu Garn verarbeitet	in eine Einfriedung aus Brettern sperren
anmutig, lieblich	genügend lange Zeit	Geschäftspartner	teure, schmackhafte Pilze
Eilbote	Goldmünzen	Ritterrüstung	Konditor
ordentlich, ansehnlich	feine Süßigkeit	gefülltes Gebäck	redegewandt

8

Unternehmen, das Baumwolle zu Garn verarbeitet	in eine Einfriedung aus Brettern sperren	beglaubigt Verträge und Urkunden	Pole
Geschäftspartner	teure, schmackhafte Pilze	sofort	Zaghaftigkeit, Schwäche
Ritterrüstung	Konditor	sich beeilen	laut jammern
gefülltes Gebäck	redegewandt	Wagentür	Erscheinungsbild einer Person

Schülerexemplare

9

genug	Vorbau am Bug von Segelschiffen	kostbarer Wein aus Ungarn	Kamel
mit höchster Anmut	Abfall von Flachs/Hanf	schadhaft, schäbig	Bürostuhl
Schnupftabak einsaugen	aufwickeln	hölzernes Gefäß	vornehm, edel
Amtstracht von Geistlichen	hängendes Bündel von Fäden	mit würdevollem Auftreten	lose gewebter, durchsichtiger Stoff

10

Weintrauben auspressen	Verwaltungsbeamter im gehobenen Dienst	junger Rotwein	scheinen
großer Verband von Kriegsschiffen	Unternehmen, das Baum-wolle zu Garn verarbeitet	in eine Einfriedung aus Brettern sperren	beglaubigt Verträge und Urkunden
genügend lange Zeit	Geschäftspartner	teure, schmackhafte Pilze	sofort
Goldmünzen	Ritterrüstung	Konditor	sich beeilen

11

fetthaltige Substanz zur Haarpflege	Bevollmächtigter	beglaubigt Verträge und Urkunden	tüchtig
Pole	Eindruck von Gemütlichkeit erweckend	Samt	Menschenliebe
Wagentür	adlige Bewohnerinnen eines Klosters	in eine Einfriedung aus Brettern sperren	Reitersoldat
Kamel	gnädig	Eilbote	Wagentür

12

Pomade zum Glätten der Barthaare	sofort	laut jammern	teuflisch
ordentlich, ansehnlich	Goldmünzen	lebhaftes Kind	Schelmenstreich
Bürgermeister	Abfall von Flachs, Hanf	Rechnung für Speisen und Getränke	junger Rotwein
großer Verband von Kriegsschiffen	feine Süßigkeit	eitel	dünne Messingfolien

Szenisches Spiel: Vorbereitung

GRUPPE 1

Arbeitsauftrag 1: Beantwortet in eurer Gruppe folgende Fragen zum Text.

Eure Textstelle: *Kleider machen Leute*, Reclam XL, 27,11–31,23

1. Was raubte Wenzel Strapinski den Schlaf?

2. Auf welche Weise kommt Wenzel Strapinski zu Geld?

3. Wie möchte Wenzel Strapinski fliehen?

4. Aus welchem Grund ist Wenzel Strapinski nicht früher geflohen?

5. Warum könnte Melchior Böhni wütend auf Wenzel Strapinski sein?

6. Zu welchen Zwecken verwendet Wenzel Strapinski sein Geld?

7. An welchem Ort findet die Verlobung statt?

Arbeitsauftrag 2: Ihr sollt den Text in eurer Gruppe szenisch spielen.

- Überlegt euch dafür zunächst, welche Textstellen dafür wichtig sind und was gestrichen werden sollte, damit eure Vorstellung nicht zu lang wird.
- Besorgt euch Requisiten, indem ihr Dinge, die ihr im Klassenzimmer findet, einsetzt. Möglicherweise könnt ihr selbst etwas basteln.
- Schneidet die Lose unten aus und lost aus, wer welche Rolle spielen soll.
- Probt eure Vorführung mindestens einmal, bevor ihr sie eurer Klasse vorspielt.

Wenzel Strapinski	Nettchen	Melchior Böhni	Amtsrat	Goldacher Bürger (Tänzer)	Goldacher Bürger (Tänzer)	Goldacher Bürger (Tänzer)	Goldacher Bürger/in	Goldacher Bürger/in

GRUPPE 2

Arbeitsauftrag 1: Beantwortet in eurer Gruppe folgende Fragen zum Text.

Eure Textstelle: ***Kleider machen Leute*, Reclam XL, 31,24–34,11**

1. Was erfährt man über Melchior Böhni?

2. Welche Geräusche sind während der Fahrt der Schlittenzüge zu hören?

3. Wie heißen die Schlitten im Goldacher Zug?

4. In welcher Reihenfolge fahren die Schlitten des Seldwyler Zuges sowie mit welchen Figuren und Inschriften?

Arbeitsauftrag 2: Ihr sollt den Text in eurer Gruppe szenisch spielen.

- Überlegt euch dafür zunächst, welche Textstellen dafür wichtig sind und was gestrichen werden sollte, damit eure Vorstellung nicht zu lang wird.
- Besorgt euch Requisiten, indem ihr Dinge, die ihr im Klassenzimmer findet, einsetzt. Ihr solltet besonders darauf achten, die Figuren und Inschriften der Züge irgendwie zu zeigen, z. B. indem ihr sie malt oder bastelt.
- Schneidet die Lose unten aus und lost aus, wer welche Rolle spielen soll.
- Probt eure Vorführung mindestens einmal, bevor ihr sie eurer Klasse vorspielt.

Wenzel Strapinski	Nettchen	Melchior Böhni	Goldacher Bürger/in	Goldacher Bürger/in	Goldacher Bürger/in	Seldwyler Bürger/in	Seldwyler Bürger/in	Seldwyler Bürger/in

GRUPPE 3

Arbeitsauftrag 1: Beantwortet in eurer Gruppe folgende Fragen zum Text.

Eure Textstelle: ***Kleider machen Leute*, Reclam XL, 34,12–38,14**

1. In welcher Reihenfolge führen die Seldwyler ihren Schautanz vor?

2. Wer ist der letzte Tänzer?

3. Was behauptet er?

4. Wer sorgt dafür, dass alle Seldwyler die Geschichte begreifen?

5. Wie reagiert das Brautpaar?

Arbeitsauftrag 2: Ihr sollt den Text in eurer Gruppe szenisch spielen.

- Überlegt euch dafür zunächst, welche Textstellen dafür wichtig sind und was gestrichen werden sollte, damit eure Vorstellung nicht zu lang wird.
- Besorgt euch Requisiten, indem ihr Dinge, die ihr im Klassenzimmer findet, einsetzt. Möglicherweise könnt ihr selbst etwas basteln.
- Schneidet die Lose unten aus und lost aus, wer welche Rolle spielen soll.
- Der Rest eurer Klasse ist die Seldwyler Festgesellschaft. Ihr dürft sie also ins Spiel einbeziehen.
- Probt eure Vorführung mindestens einmal, bevor ihr sie eurer Klasse vorspielt.

Wenzel Strapinski	Nettchen	Melchior Böhni	Krähe	Wolf	Esel	Letzter Tänzer	Näher	Arme Person

7 Die Essenz des Stücks begreifen

Sachanalyse

Zum Abschnitt *Kleider machen Leute*, Reclam XL, 38,15–44,23: Nach dem Verlassen des Festsaals wendet sich Wenzel Strapinski weg von Goldach. Zwiespältige Gefühle von »Schande« (39,2) und einem »Bewusstsein erlittenen Unrechts« – dass er »ein Betrüger geworden dadurch, dass die Torheit der Welt ihn in einem unbewachten und sozusagen wehrlosen Augenblicke überfallen und ihn zu ihrem Spielgesellen gemacht hatte« (39,13–16) – quälen ihn.

Keller übt auch im Weiteren Gesellschaftskritik, indem er Beispiele bürgerlich hoch anerkannter Berufe bzw. Titel anführt, deren Ausübende bzw. Innehabende ihre Tätigkeit stärker zum Schaden der Leute einsetzen denn zu deren Nutzen und dennoch gesellschaftlich anerkannt sind, so »[w]enn ein Fürst Land und Leute nimmt [...]; wenn ein Schwindler, der einen großen Kaufmannsnamen geerbt oder erschlichen hat, durch seine Torheiten und Gewissenlosigkeiten Tausende um ihre Ersparnisse bringt, so weinen alle diese nicht über sich, sondern erfreuen sich ihres Wohlseins und bleiben nicht einen Abend ohne aufheiternde Gesellschaft und gute Freunde« (39,21–40,3). Keller legt hier missbilligend in negativer Zeichnung das Verhalten des aufstrebenden, oberflächlichen gründerzeitlichen Bürgers offen. Wenzel dagegen »weinte bitterlich« (40,4) »aus Scham« (40,8). Als der Seldwyler Schlittenzug auf dem Heimweg an Wenzel Strapinski vorüberfährt, versteckt er sich im Wald hinter einigen Bäumen und schläft darüber im Schnee ein.

Nettchen indes stößt Melchior Böhni erneut vor den Kopf, der sich ihr als »Begleiter nach dem väterlichen Hause« (41,15 f.) anbietet, indem sie ihn stehenlässt und ihre Kutsche in Richtung Seldwyla leitet. Der Erzähler schlüpft nunmehr ganz in die Rolle des außenstehenden Beobachters, der neutral die Sache beobachtet und aufgrund äußerer Umstände versucht, Licht in die Gedankengänge der handelnden Figuren zu bringen: »Warum Nettchen jenen Weg eingeschlagen, ob in der Verwirrung oder mit Vorsatz, ist nicht sicher zu berichten. Zwei Umstände mögen hier ein leises Licht gewähren. Einmal lagen sonderbarerweise die Pelzmütze und die Handschuhe Strapinskis [...] nun im Schlitten der Fortuna neben Nettchen [...]. Sodann sagte sie mehr als ein Mal laut vor sich hin: Ich muss noch zwei Worte mit ihm sprechen, nur zwei Worte!« (42,6–19).

Dieser neutrale Erzählstil steht ganz im Gegensatz zum Folgenden, als das Innenleben Nettchens vor dem Leser ausgebreitet wird mit ihren essenziellen Lebensfragen: »Was sind Glück und Leben! von was hangen sie ab? Was sind wir selbst, dass wir wegen einer lächerlichen Fastnachtslüge glücklich oder unglücklich werden? [...]« (42,32–43,5).

Nettchen, die neben den in diesen Fragen zum Ausdruck kommenden Eigenschaften, Klugheit und Moralbewusstsein, viel Mut zeigt durch ihre langsame Fahrt durch den Wald nach Seldwyla, entdeckt schließlich Wenzel am Straßenrand zwischen den Bäumen und erweckt ihn wieder zum Leben, indem sie ihm Schnee ins Gesicht reibt. »Die Geschichte scheint zum zweiten Mal zu beginnen; denn noch einmal liest ein Gefährt den Schneider von der Straße auf, und das ereignet sich genau in dem Augenblick, als Wenzel Strapinski wiederum auf dem Tiefpunkt angelangt ist. Aber im Unterschied zu jenem Novembermorgen auf der Landstraße nach Goldach ist er nicht mehr nur ein mittel- und arbeitsloser Wandergeselle, sondern ein Zechpreller, Betrüger und Hochstapler, der sich selbst schuldig gemacht hat. Der Schein ist zerstört, Kleider machen nicht mehr Leute.«[1]

Und während Wenzel noch gefangen scheint in seinen romantischen Todessehnsüchten, setzt sich die Tatkraft Nettchens fort; sie bleibt die Aktive, die das weitere Geschehen in die Hand nimmt: »›Komm, fremder Mensch!‹, sagte sie mit unterdrückter zitternder Stimme, ›ich werde mit dir sprechen und dich fortschaffen!« (44,17 ff.), nachdem er sie um Verzeihung gebeten hat. »In Nettchen, der weiblichen Protagonistin der Novelle, kristallisiert sich [damit] Kellers Ideal praktischer und sozial verantwortungsbewußter Humanität. Auch nach der Entlarvung ihres Verlobten Wenzel als Hochstapler und falscher Graf steht sie zu dem Schneidergesellen.«[2] Dieser philanthropische und hinter den Schein blickende Charakter Nettchens, der in krassem Gegensatz steht zu ihrer zu Beginn der Novelle gezeigten scheinbaren Oberflächlichkeit als »hübsches Fräulein, äußerst prächtig, etwas stutzerhaft gekleidet und mit Schmuck reichlich verziert« (18,23 ff.), wird in der Folge weiter ausgestaltet.

1 Klaus-Dieter Metz, *Literaturwissen. Gottfried Keller*, Stuttgart 1995, S. 67.

2 Sabina Becker, *Bürgerlicher Realismus, Literatur und Kultur im bürgerlichen Zeitalter 1848–1900*, Tübingen/Basel 2003, S. 304.

Unterrichtsverlauf

Überblick. Die Schülerinnen und Schüler versetzen sich in die beiden Protagonisten hinein, indem sie zunächst Gedanken des männlichen Protagonisten in heutiges Deutsch »übersetzen« und anschließend im kreativen Schreiben einen Tagebucheintrag über die Gefühle und Gedanken Nettchens zu den Ereignissen nach dem Wendepunkt verfassen. So verstehen sie die Essenz des Stücks. ! **Verkürzter Verlauf: 7.1 – 7.2 – 7.3**

Phase	Thema	Sozialform	Kompetenzen und Lernziele	Materialien
Voraussetzungen: Textkenntnis bis 38,14				
7.1	Einstieg: Vorlesen der eigenen Ideen zum Ende der Novelle	UG	• Zuhören • Gestaltend vorlesen • Ideen präsentieren	
7.2	Vergleich mit dem tatsächlichen Verlauf und »Übersetzung« der Gedanken Wenzel Strapinskis	EA / PA / UG	• Textverständnis und Sprachbewusstheit erlangen • Sich in den Protagonisten einfühlen • Gesellschaftskritik nachvollziehen	ARBEITSBLATT 7a ➤ S. 67
7.3	Kreatives Schreiben: Tagebuch Nettchens	EA / UG	• Fremdverstehen • Lebensfragen auf das eigene Leben übertragen (Identitätsbildung)	VORLAGE 7 ➤ S. 66 *ARBEITSBLATT 7b ➤ S. 69
7.4 **fakultativ**	Gestalten eines Rapsongs	PA / GA	• Prosa in Poesie übertragen • Lebensbezug verstehen	
HA	Lektüre: Der Novellenschluss			*Kleider machen Leute*, Reclam XL, 44,24–52,35

7.1 Einstieg: Vorlesen der eigenen Ideen zum Ende der Novelle

Unterrichtsschritt. Im Plenum werden einige der im kreativen Schreiben erarbeiteten Ergebnisse der letzten Unterrichtsstunden vorgelesen. Schülerinnen und Schüler sowie Lehrperson würdigen die Texte mit positiv formulierten Kommentaren. UG

Alternative. Falls der Unterrichtsschritt 6.4 nicht durchgeführt wurde, kann zum Einstieg im Plenum die Frage diskutiert werden: »Was glaubt ihr, wie die Novelle weitergeht?«

EA / PA / UG
ARBEITSBLATT 7a ➤ S. 67
Lösungshinw. ➤ S. 110

7.2 Vergleich mit dem tatsächlichen Verlauf und »Übersetzung« der Gedanken Wenzel Strapinskis

Unterrichtsschritt. Die Schülerinnen und Schüler lesen *Kleider machen Leute*, Reclam XL, 38,15–40,31, und bearbeiten den Arbeitsauftrag auf ARBEITSBLATT 7a ***Übersetzung der Gedanken Wenzel Strapinskis***. Die Ergebnisse werden in Partnerarbeit verglichen und anschließend einige davon im Plenum vorgestellt.

7.3 Kreatives Schreiben: Tagebuch Nettchens

Unterrichtsschritt. Die Schülerinnen und Schüler lesen *Kleider machen Leute*, Reclam XL, 40,32–44,23, und verfassen über die Ereignisse, in denen Nettchen die Hauptrolle spielt, einen Tagebucheintrag aus deren Perspektive. Dabei gehen die Schüler entlang des Schreibprozesses vor, strukturieren zunächst in der Planungsphase den Text nach für den Tagebucheintrag wichtigen Textstellen, bevor sie den Eintrag verfassen (VORLAGE 7 ***Nettchens Tagebuch***). Im Anschluss an das Schreiben können einige Tagebucheinträge im Plenum präsentiert werden.

EA / UG
VORLAGE 7 ➤ S. 66
*ARBEITSBLATT 7b ➤ S. 69

VORLAGE 7

Nettchens Tagebuch

Arbeitsaufträge:

1. Lies in deiner Textausgabe nach, wie Nettchen auf die Enthüllungen reagiert (*Kleider machen Leute*, Reclam XL, 40,32–44,23).
2. Nettchen schreibt über ihre Erlebnisse einen Tagebucheintrag. Versetze dich in ihre Rolle und verfasse ihn. Zuerst planst du den Text mit den im Folgenden genannten Schritten. Mache dafür Randnotizen in deiner Ausgabe.
   a) Unterteile zunächst den Textausschnitt in geeignete Abschnitte.
   b) Unterstreiche im Text, was für den Tagebucheintrag wichtig sein könnte.
   c) Fasse jeden wichtigen Abschnitt knapp in Stichpunkten oder Sätzen zusammen.
   d) Ergänze die Zusammenfassung durch mögliche Gefühle.
3. Schreibe den Tagebucheintrag.

Alternativen. Zur Differenzierung vorgesehen ist das *ARBEITSBLATT 7b ***Nettchens Tagebuch (Variante)***, das bereits Abschnittsunterteilungen sowie Abschnittszusammenfassungen des Originaltextes enthält. Sehr schwachen Schülerinnen und Schülern kann beides vorgegeben werden, so dass sie alles nur noch in die Ich-Perspektive Nettchens bringen müssen. Schülern, die lediglich Strukturierungsschwierigkeiten haben, kann aber auch nur die Abschnittsuntergliederung ohne Zusammenfassung als Hilfestellung angeboten werden.

Je nach Zeit können die Unterrichtsschritte 7.2 und 7.3 (ggf. auch 7.4) arbeitsteilig gelöst werden, indem jeweils ein Teil der Klasse die Aufgaben bearbeitet.

7.4 Gestalten eines Rapsongs (fakultativ)

PA / GA

Unterrichtsschritt und Erläuterung. Nachdem die Schülerinnen und Schüler den Textinhalt verstanden haben, sollen sie diesen in einen Rapsong umwandeln. Dabei geht es weniger um die Abbildung der Geschichte als vielmehr um die Entwicklung von Verständnis für die gesellschaftskritischen und anthropologischen Fragen, die in diesem Textausschnitt von Keller thematisiert werden. Der Rapsong sollte von den Schülern auf ein gesondertes Blockblatt geschrieben werden, das ins Leseportfolio eingeheftet wird. Natürlich muss der Rapsong der Klasse vorgesungen werden.

Mögliche Themen:

- Moral – was ist das?
- Wohlstand/Glück auf dem Rücken anderer?
- Ungerechtigkeit – lokal und weltweit
- Schein und Sein
- Glück – was ist das?
- Glück – wie das?
- Wahrheit und Lüge
- Was tut ihr für die Liebe?
- Selbstbestimmung oder Schicksal?
- Mein Sinn im Leben
- Was will ich eigentlich?
- Wie kann ich erreichen/bekommen, was ich möchte?

Hausaufgabe

In häuslicher Lektüre lesen die Schülerinnen und Schüler *Kleider machen Leute*, Reclam XL, 44,24–52,35.

Übersetzung der Gedanken von Wenzel Strapinski

Arbeitsauftrag:
Übersetze folgende Gedanken Wenzel Strapinskis in deine Sprache in der rechten Tabellenspalte.

Gedanken Wenzel Strapinskis nach seiner »Flucht« aus dem Ballsaal:

»Das erste deutliche Gefühl […] war dasjenige einer ungeheuren Schande, gleich wie wenn er ein wirklicher Mann von Rang und Ansehen gewesen und nun infam geworden wäre durch Hereinbrechen irgendeines verhängnisvollen Unglückes« (38,35–39,5).	
»Dann löste sich dieses Gefühl aber auf in eine Art Bewusstsein erlittenen Unrechtes; er hatte sich bis zu seinem glorreichen Einzug in die verwünschte Stadt nie ein Vergehen zu Schulden kommen lassen; soweit seine Gedanken in die Kindheit zurückreichten, war ihm nicht erinnerlich, dass er je wegen einer Lüge oder einer Täuschung gestraft oder gescholten worden wäre, und nun war er ein Betrüger geworden dadurch, dass die Torheit der Welt ihn in einem unbewachten und sozusagen wehrlosen Augenblicke überfallen und ihn zu ihrem Spielgesellen gemacht hatte« (39,5–16).	
»er hasste und verachtete sich jetzt, aber er weinte auch über sich und seine unglückliche Verirrung« (39,19 f.).	

»Wenn ein Fürst Land und Leute nimmt; wenn ein Priester die Lehre seiner Kirche ohne Überzeugung verkündet, aber die Güter seiner Pfründe mit Würde verzehrt; wenn ein dünkelvoller Lehrer die Ehren und Vorteile eines hohen Lehreramtes innehat und genießt, ohne von der Höhe seiner Wissenschaft den mindesten Begriff zu haben und derselben auch nur den kleinsten Vorschub zu leisten, wenn ein Künstler ohne Tugend, mit leichtfertigem Tun und leerer Gaukelei sich in Mode bringt und Brot und Ruhm der wahren Arbeit vorwegstiehlt; oder wenn ein Schwindler, der einen großen Kaufmannsnamen geerbt oder erschlichen hat, durch seine Torheiten und Gewissenlosigkeiten Tausende um ihre Ersparnisse und Notpfennige bringt, so weinen alle diese nicht über sich, sondern erfreuen sich ihres Wohlseins und bleiben nicht einen Abend ohne aufheiternde Gesellschaft und gute Freunde« (39,21–40,3).	
»Scham vor der Unsichtbaren« [Nettchen] (40,8)	
»Das Unglück und die Erniedrigung zeigten ihm mit Einem hellen Strahle das verlorene Glück und machten aus einem unklar verliebten Irrgänger einen verstoßenen Liebenden« (40,9–12).	

*ARBEITSBLATT 7b

Nettchens Tagebuch (Variante)

Die folgende Zusammenfassung der Abschnitte hilft dir beim Verfassen des Tagebucheintrags für Nettchen.

Seite/Zeile	Das geschieht …
40,32–41,12	Nettchen bleibt noch eine Stunde sitzen. Dann steht sie weinend auf und weiß noch nicht genau, was sie nun tun soll. Zwei Freundinnen bringen ihr ihre Sachen.
41,12–42,5	Nettchen erblickt Melchior Böhni, der wohl auf sie gewartet hatte und ihr erklärt, dass er derjenige sei, der sie nun nach Hause bringen werde. Nettchen jedoch spricht nicht mit ihm, sondern steigt auf ihren Schlitten und fährt los, während Böhni noch Trinkgelder verteilt. Böhni entdeckt zu spät, dass sie nicht mehr da ist. Nettchen hat den Weg Richtung Seldwyla eingeschlagen, während Böhni meint, sie sei nach Goldach unterwegs.
42,6–42,30	Da Nettchen offenbar Wenzel Strapinskis Pelzmütze und Handschuhe mitgenommen hat, ist zu vermuten, dass sie nicht unabsichtlich Richtung Seldwyla unterwegs ist. Tatsächlich spricht sie zu sich selbst, dass sie noch »zwei Worte« mit Wenzel sprechen möchte. Sie sucht mit den Augen den Wegrand ab.
42,31–43,6	Nettchen beschäftigen währenddessen Lebensfragen, z.B. Was machen Glück und das Leben aus? Warum werden wir wegen bestimmter Dinge unglücklich? Worin besteht die eigene Schuld, wenn man zu gutgläubig ist? Wer ist verantwortlich für schicksalhafte Fügungen, die in unser Leben eingreifen?
43,7–43,22	Am Wegesrand entdeckt Nettchen Wenzel. Sie hält an, bindet die Pferde fest und geht zu ihm.
43,23–44,10	Nettchen belebt Wenzel wieder, indem sie ihm Schnee ins Gesicht reibt.
44,11–44,23	Wenzel erwacht, erkennt Nettchen und entschuldigt sich bei ihr, indem er den Saum ihres Mantels küsst. Nettchen bittet ihn in den Wagen, Wenzel steigt ein und Nettchen fährt los.

8 Den Schluss der Novelle realisieren

Sachanalyse

Der neue Part der Frau als Aktive, Vorantreibende und für den Erfolg Verantwortliche in der Figur von Nettchen wird zum Ende der Novelle hin weiter herausgearbeitet (*Kleider machen Leute*, Reclam XL, 44,24–58,10). »Nettchen ist sich zuerst der neuen Wirklichkeit bewußt, sie befreit sich augenblicklich von der Illusion, einen Märchenprinzen zu heiraten und reiht sich mit einem Mal unter die Frauengestalten in Kellers Werk ein, die genau wissen, was sie wollen. Die verwöhnte Amtsratstochter reißt das Gesetz des Handelns entschlossen an sich.«[1] Sie fährt zum Bauernhof einer Witwe, deren Zinsherr ihr Vater ist, und bittet diese mit einer Ausrede darum, mit Wenzel unter vier Augen sprechen zu können. Ihre Rolle als diejenige, die nun »die Hosen anhat«, wird sowohl deutlich in ihren wiederholten fast schon inquisitorischen Fragen an Wenzel als auch an seinem gehorsamen Verhalten ihr gegenüber: Beispielsweise trinkt er eine Tasse Kaffee, »mehr weil sie es gesagt hatte als um sich zu erfrischen« (46,7 f.). Auch wenn Wenzel Strapinski seine Lebensgeschichte vor seiner künftigen Frau ausbreitet, hat Nettchen vom Zeitpunkt des Verlassens des Gasthauses an eine herausgehobene Rolle im Rahmen der Novelle. Die Phantastereien des nach wie vor romantisierenden Wenzel, die sie zunächst mit Schweigen hinnimmt, kürzt sie schließlich recht resolut ab mit dem Ausruf »Keine Romane mehr!« (52,21). »Diese Szene darf sicherlich als ein Plädoyer für die realistische Erzählkunst und als Verabschiedung des romantischen Erzählens gelesen werden.«[2] Nichtsdestotrotz wird immer wieder deutlich, dass es Nettchen nach wie vor zu Wenzel hinzieht, wenn mehrfach vom Schlagen ihres Herzens die Rede ist (47,6 f., 47,30) oder sie mit »zögerndem spitzigen Wesen« (50,8) nach »Liebschaften« (50,10) fragt. Sie ist es, die die folgenden Ereignisse leitet, ihre Humanität ist es, die letztlich siegt.

Die Führungsrolle Nettchens in dieser künftigen Beziehung wird schnell offensichtlich, denn der Erzähler verdeutlicht sehr klar, welche Position sie nun inne hat: »Doch war sie keineswegs so blöde, dieses Schicksal nicht selbst ein wenig lenken zu wollen; vielmehr fasste sie rasch und keck neue Entschlüsse« (52,8 ff.), die sie auch umsetzt: »Wir wollen nach Seldwyla gehen und dort durch Tätigkeit und Klugheit die Menschen, die uns verhöhnt haben, von uns abhängig machen!« (52,24–27). Nettchen als Sinnbild der Aufklärung oder eines operativen Realismus setzt Verstand und Tatkraft ein und gewinnt im Vergleich zum romantischen Wenzel, der bis dahin lediglich das Schicksal ausführlich beklagt hat; sie ist es, die damit beide auf bürgerliche Pfade führt, wenngleich nicht ohne Unterstützung ihres mütterlichen Erbes und gewisser Kritik des Erzählers an diesem Weg hinein in eine bürgerliche Existenz. Unter ihrem Einfluss wandelt sich auch Wenzel am Ende der Novelle, er wird »rund und stattlich und sah beinah gar nicht mehr träumerisch aus« (57,34 f.). »Der Gründer verhält sich als Kapitalherr im Geldverkehr und dokumentiert seinen neuen Status auch in seiner Erscheinung, in stattlicher Beleibtheit.« Wenzel wird also »verbiedermeiert«[3] und damit Teil der gründerzeitlichen Gesellschaft[4], womit das Happy End angesichts Kellers Kritik an den Machenschaften skrupelloser und vorrangig auf den Schein bedachter Kapitalisten eigentlich in Frage gestellt wird.

»Überblickt man Handlungs- und Erzählverlauf, so stellt man fest: Die Novelle ist linear erzählt. Nur einmal, nachdem Nettchen ihren Wenzel im Schnee mit nachtwandlerischer Sicherheit aufgefunden hat und beide sich in einen Bauernhof zurückgezogen haben, um sich auszusprechen, geschieht so etwas wie eine Rückblende. Kindheits- und Jugenderlebnisse werden hier im Gespräch beider miteinander erinnernd vergegenwärtigt.«[5] Dieser Monolog Wenzels über seine Kindheit und das Entsagen einer glücklichen Zukunft im Hause einer Gutsherrin seiner Mutter zuliebe zeigt seine rechtschaffene Vergangenheit: »Hier werden die sozialen und psychologischen Hintergründe des Schneiderschicksals aufgedeckt.«[6]

Der Zufall greift in dieser Szene wiederum positiv in den Verlauf der Geschichte ein, da Nettchen Wenzel an ein Mädchen erinnert, dem er als Kind häufig »den Diener und Beschützer machen« (50,24) musste, woraufhin sie zu ihm geht und ihm verspricht: »Ich

1 Klaus-Dieter Metz, *Literaturwissen. Gottfried Keller*, Stuttgart 1995, S. 67 f.
2 Sabina Becker, *Bürgerlicher Realismus, Literatur und Kultur im bürgerlichen Zeitalter 1848–1900*, Tübingen/Basel 2003, S. 306.
3 Ebd., S. 78.
4 Klaus Jeziorkowski, *Gottfried Keller. »Kleider machen Leute«. Text, Materialien, Kommentar*, München 1984, S. 104.
5 Wilhelm Große, *Modelle zum Umgang mit der Novelle im Deutschunterricht der Sekundarstufe I und II. E. T. A. Hoffmanns »Das Fräulein von Scuderi« und Gottfried Kellers »Kleider machen Leute«*, Mainz 1983, S. 55.
6 Ebd., S. 62.

will dich nicht verlassen! Du bist mein, und ich will mit dir gehen trotz aller Welt!« (52,2 ff.). »Der Zufall ist eine zentrale Kategorie für die Struktur der Novelle. Zufälle, die der Erzähler als solche setzte, steuern die Verwicklung des Helden in die Hochstaplerrolle, sei es, daß er durch Zufall in eine herrschaftliche Kutsche gerät (4,12), sei es durch seine zufällig erworbenen militärischen Kenntnisse, die ihm das Spielen der Grafenrolle ermöglichen (vgl. 14,34–15,9)«[7] etc.

Nach der Aussprache fahren die beiden Liebenden nach Seldwyla und beziehen Zimmer in getrennten Gasthäusern, was unter den Einwohnern zu schlimmen Spekulationen führt. Das klug und besonnen handelnde Nettchen, das mittlerweile diesen Verniedlichungsnamen eigentlich nicht mehr verdient, beauftragt einen Rechtsanwalt, ihre Sache zu vertreten. Überlegt und wohldurchdacht teilt sie ferner ihrem Vater ihre Entscheidung mit. Und auch dessen Einwände, insbesondere den, dass Melchior Böhni sie heiraten und damit ihre Ehre retten werde, weist sie zurück. Nettchen wird an dieser Stelle erneut als Vorbild beschrieben, da sie die Einzige ist, die treu zu ihrer Sache und ihrer Entscheidung steht, die den Charakter eines Menschen sieht und nicht nur dessen »Verpackung«. So gebiete es ihr die Ehre, »dem armen Fremden getreu zu bleiben, welchem sie ihr Wort gegeben habe und den sie auch leiden könne!« (55,2 ff.).

Nachdem der Rechtsanwalt in Seldwyla verlautbaren lässt, dass mit Nettchen ein »große[s] Vermögen« (55,26) in die Stadt käme, schlägt die Stimmung dort um »zu Gunsten des Schneiders und seiner Verlobten« (55,29 f.), so dass die Bewohner das Paar schützen, als Goldacher Polizeikräfte anreisen, »um dem Amtsrat beizustehen« (56,9). Schließlich weist der Rechtsanwalt nach, dass Wenzel Strapinski bislang ein vorbildhaftes Leben geführt habe und ihm der »Rang« des Grafen »von andern gewaltsam verliehen worden« (57,2), so dass einer Hochzeit nichts mehr im Wege steht.

Nettchen gibt wieder den Weg vor, »sie sagte, Wenzel müsse nun ein großer Marchand-Tailleur und Tuchherr werden in Seldwyla [...]. Das geschah denn auch« (57,16–21). Wegen seines Fleißes und steigenden Wohlstandes ist auch der Amtsrat bald versöhnt, so dass das Paar schließlich nach Goldach umsiedeln kann mitsamt seinen »zehn oder zwölf [...] Kindern« (58,5 f.). Dieses Novellenende ist wiederum »umgeben von einer Patina des Humors, der auch Wenzels behäbig bürgerliche Existenz nicht als das Nonplusultra erscheinen läßt.«[8]

7 Rolf Selbmann, *Erläuterungen und Dokumente: Gottfried Keller, »Kleider machen Leute«*, Stuttgart 2004, S. 13.

8 Große (Anm. 5), S. 68.

Unterrichtsverlauf

Überblick. Die Schülerinnen und Schüler zeigen ihre Textkenntnis in der Entwicklung eines Ratespiels. Im Anschluss schlüpfen sie in die Rolle eines Dramenautors bzw. eines Rechtsanwalts, indem sie für diese typische Textsorten schreiben und dabei den Text kreativ interpretieren. ! **Verkürzter Verlauf: 8.1 – 8.2 – 8.3**

Phase	Thema	Sozialform	Kompetenzen und Lernziele	Materialien
Voraussetzungen: Textkenntnis bis 52,35				
8.1	Einstieg: Quiz zur Wiederholung und Vertiefung des Gelesenen	GA / UG	• Textverständnis entwickeln • Präzise Fragen stellen • Zuhören	
8.2	Lerntheke 1: Schreiben eines Dialogs oder Plädoyers	PA	• Rollen übernehmen • Textsortenkenntnis aufbauen • Kreativität entwickeln • Den Text verstehen	ARBEITSBLATT 8 ➤ S. 74
8.3	Vorstellung der Arbeitsergebnisse	UG	• Präsentieren • Szenisch spielen	
8.4 fakultativ	Wiederholung der Abstimmung der ersten Stunde	UG	• Lebensbezug herstellen • Reflexionsfähigkeit entwickeln	

8.1 Einstieg: Quiz zur Wiederholung und Vertiefung des Gelesenen

GA / UG

Unterrichtsschritt. Die Klasse wird in zwei Gruppen eingeteilt. Die Schülerinnen und Schüler entwickeln innerhalb ihrer Gruppe selbst Fragen und Antworten zum gelesenen Textstück *Kleider machen Leute*, Reclam XL, 44,24–52,35. Diese stellen sie im Wechsel der jeweils anderen Gruppe. Für jede richtig beantwortete Frage gibt es einen Punkt. Die Lehrkraft moderiert und hält den Punktestand der Gruppen an der Tafel fest. Sollte es unentschieden ausgehen, kann die Lehrkraft eine Entscheidung herbeiführen mit einer der unten aufgeführten Fragen.

Erläuterungen. Das Quiz erfüllt zwei Aufgaben: Zum einen motiviert es die Schülerinnen und Schüler im Wettbewerb, zum anderen erfolgt eine vertiefte Beschäftigung mit der gelesenen Textstelle. Ggf. kann eine Mindestanzahl an Fragen, die entwickelt werden muss, vorgegeben werden.

Mögliche Fragen im Anschluss:

- Wo findet die Aussprache zwischen Nettchen und Wenzel statt?
  Auf einem Bauernhof, für dessen Besitzerin Nettchens Vater Zinsherr ist.
- Was ist ein Zinsherr?
  Ein Zinsherr ist ein Grund- und Landbesitzer.
- Wie wollte Wenzel mit Nettchen nach der Hochzeit leben?
  Er wollte kurz das gemeinsame Glück genießen, ihr dann gestehen, dass er kein Graf sei und sich schließlich umbringen, während sie zu ihrem Vater zurückkehrt.
- Woher hat Wenzel vermutlich seinen Wunsch nach schöner Kleidung?
  Seine Mutter war vor ihrer Heirat im Dienst einer Gutsherrin und hatte hiervon gelernt. Sie staffierte sich selbst und Wenzel stets feiner aus, als die anderen in ihrem Dorf gekleidet waren.
- Welche Chance gab Wenzel in seiner Kindheit auf?
  Er ging nicht mit der verwitweten Gutsherrin in die Hauptstadt, um etwas zu lernen und bei ihr leichte Arbeiten zu verrichten, was diese ihm angeboten hatte, sondern blieb bei seiner Mutter auf dem Land.
- Aus welchem Grund musste Wenzel schließlich doch seine Mutter verlassen?
  Wenzel musste seine Mutter verlassen, da er während der Militärzeit als Husar diente.
- An wen erinnert Nettchen Wenzel?
  An die Tochter der Gutsbesitzerin, die er stets auf deren Weg zum Pfarrhaus begleitet hatte.
- Wie plant Nettchen weiter vorzugehen?
  Sie möchte mit Wenzel nach Seldwyla fahren und dort den Menschen zeigen, dass deren Schautanz auf der Verlobungsfeier nichts genutzt hat; sie will diese vielmehr von sich abhängig machen.
- Was hätte Wenzel gerne gemacht nach der »erneuten« Verlobung?
  Wenzel wäre gerne weggezogen, um in der Ferne romantisch, alleine und glücklich mit Nettchen zu leben.
- Warum ist es Nettchen überhaupt möglich, ihre Pläne umzusetzen?
  Sie ist drei Tage zuvor volljährig geworden und kann daher nun selbst entscheiden, was sie machen möchte.

8.2 Lerntheke 1: Schreiben eines Dialogs oder Plädoyers

PA

ARBEITSBLATT 8 ➤ S. 74
Lösungshinweise ➤ S. 112

Unterrichtsschritt. Die Schülerinnen und Schüler wählen in Partnerarbeit, ob sie lieber die Aussprache zwischen Nettchen und ihrem Vater oder das Plädoyer des Rechtsanwalts für das Brautpaar bearbeiten möchten (ARBEITSBLATT 8 ***Lerntheke 1: Dramentext oder Plädoyer***). Anschließend beantworten sie eine Frage zum Textverständnis.

Erläuterungen. Eine Lerntheke bietet Auswahlmöglichkeiten für Schülerinnen und Schüler entweder nach unterschiedlichen Niveaustufen oder verschiedenen Interessenlagen. Dabei werden die Arbeitsblätter in ausreichender Anzahl mit den differierenden Aufgabenstellungen am Pult ausgelegt. Die Schülerinnen und Schüler wählen eine der Aufgaben aus und bearbeiten diese. Sollten sie vor der Zeit damit fertig sein, können sie die weitere Aufgabe bearbeiten.

Die Schülerinnen und Schüler schreiben den Text jeweils in eine andere Textsorte um, wobei sie ihre heutige Sprache verwenden. Die dritte für alle verpflichtende Aufgabe der Erklärung einer zentralen Textstelle ist wichtig, damit die Schülerinnen und Schüler die Wandlung von Wenzel zum Geschäftsmann sowie die Mentalität der Seldwyler nachvollziehen können.

Schülerinnen und Schülern, die sich mit einer kreativen Schreibaufgabe schwertun, können die jeweiligen möglichen Anfänge an die Hand gegeben werden (ARBEITSBLATT 8, Zusatzmaterial zur Differenzierung).

8.3 Vorstellung der Arbeitsergebnisse

Unterrichtsschritt. Im Anschluss stellen die Schülerinnen und Schüler ihre Arbeitsergebnisse der Klasse vor. Dabei dürfen und sollen sie die selbstgeschriebenen Texte bereits schauspielerisch gestalten. Die Erklärung der zentralen Textstelle wird gemeinsam besprochen und ggf. diskutiert. UG

8.4 Wiederholung der Abstimmung der ersten Stunde (fakultativ)

Unterrichtsschritt. Im Rückbezug zur ersten Unterrichtsstunde zur Novelle *Kleider machen Leute* (Unterrichtsschritt 1.4, S. 8) wird nun erneut die Frage gestellt: »Kleider machen Leute – findest du das gut?« In der abschließenden Diskussion kann festgestellt werden, welche neuen Erkenntnisse die Schülerinnen und Schüler aus der Novelle mitgenommen haben. Abschließend kann die Abstimmung wiederholt werden. UG

Leitfragen:
1. Was hat sich nun nach dem Lesen der Novelle für dich an der Frage verändert?
2. Hast du neue Einsichten gewonnen?
3. Konntest du neue Argumente entwickeln?
4. Wie hat dir die Novelle insgesamt gefallen?
5. Kannst du daraus etwas für dein Leben mitnehmen?

Lerntheke 1: Dramentext oder Plädoyer

Arbeitsaufträge (Variante 1):

1. Lest den Text von S. 53, Z. 1 bis zum Ende S. 58, Z. 10.
2. Schreibt einen Dramentext zum Dialog zwischen Nettchen und ihrem Vater, dem Amtsrat. Verwendet dafür den Textausschnitt 53,29–55,7. Ihr dürft für die Bearbeitung die heutige Sprache verwenden.
3. Erklärt die Aussage »sodass sie untereinander klagten, er presse ihnen das Blut unter den Nägeln hervor« (57,31 ff.)!

Nutzt für eure Ergebnisse ein gesondertes Blockblatt, das ihr in das Leseportfolio einheftet.

Arbeitsaufträge (Variante 2):

1. Lest den Text von S. 53, Z. 1 bis zum Ende S. 58, Z. 10.
2. Schreibt ein Plädoyer bzw. eine Verteidigungsrede, das/die der Rechtsanwalt zugunsten des Brautpaares hält. Verwendet dafür den Textausschnitt 56,24–57,10. Ihr dürft für die Bearbeitung die heutige Sprache verwenden.
3. Erklärt die Aussage »sodass sie untereinander klagten, er presse ihnen das Blut unter den Nägeln hervor« (57,31 ff.)!

Nutzt für eure Ergebnisse ein gesondertes Blockblatt, das ihr in das Leseportfolio einheftet.

***Möglicher Anfang für Variante 1 (Zusatzmaterial zur Differenzierung)**

Der Dramentext könnte so beginnen:

AMTSRAT (*vor sich hin murmelnd*). Wie könnte ich nur Nettchen zur Vernunft bringen? Sicherlich ist sie völlig verzweifelt!

NETTCHEN (*öffnet die Zimmertür*). Mein lieber Vater, schön, dich zu sehen! …

***Möglicher Anfang für Variante 2 (Zusatzmaterial zur Differenzierung)**

Das Plädoyer könnte so beginnen:

Meine sehr geehrten Damen und Herren aus Goldach und Seldwyla,
vor uns steht ein Paar, das bewiesen hat, dass es sich liebt, da es trotz aller Widrigkeiten zueinandersteht …

9 Das Werk literaturhistorisch einordnen

Sachanalyse

»Zusammen mit Storm darf Gottfried Keller als der wohl wichtigste Vertreter der Novelle des Bürgerlichen Realismus gelten. Der Aufstieg der novellistischen Erzählkultur in der zweiten Hälfte des 19. Jahrhunderts ist insbesondere mit seinem Namen verbunden, ungeachtet der Tatsache, dass Keller den Gattungsbegriff Novelle nicht benutzte, er bezeichnete *Die Leute von Seldwyla* als Erzählungen.«[1]

Zunächst soll daher eruiert werden, inwieweit man der Erzählung *Kleider machen Leute* Kennzeichen der Novelle zuordnen kann. Ein wichtiges Moment der Unterscheidung von der Erzählung ist die »dramatisch aufgebaute Handlung«[2] der Novelle. In *Kleider machen Leute* ist ein recht klarer Fünfschritt, wie er aus dem aristotelischen Drama bekannt ist, festzumachen: Mit einer Exposition – dem Einzug Wenzel Strapinskis in Goldach und der Zuschreibung der Grafenrolle durch die Abendherren – beginnt die dramatische Handlung, sie steigert sich in einem erregenden Moment, das auf den Höhe- bzw. Wendepunkt – das Verlobungsfest – zusteuert, und kommt nach einem retardierenden Teil – dem Gespräch zwischen Wenzel und Nettchen im Bauernhof – zu ihrem positiven Ende, der Heirat der beiden sowie dem Ausblick in ihre Zukunft. Auch gibt es wie im Drama wenig »stationäre Beschreibungen [...] wie die Schilderung von sich langsam entwickelnden Situationen«.[3] Wie August Wilhelm Schlegel es formuliert: »Um eine Novelle gut zu erzählen, muß man das Alltägliche, was in die Geschichte mit eintritt, so kurz als möglich abfertigen, und nicht unternehmen es auf ungehörige Art aufstutzen zu wollen, nur bei dem Außerordentlichen und Einzigen verweilen, [...]. An die materielle Wahrscheinlichkeit d.h. die Bedingungen der Wirklichkeit eines Vorfalls, muß sich der Erzähler durchaus binden, hier erfodert sein Zweck die größte Genauigkeit.«[4] Entsprechend den Anforderungen der literarischen Epoche des Realismus muss das in der Novelle beschriebene Ereignis also so sein, dass es tatsächlich so hätte passieren können, »deswegen liebt sie auch die ganz bestimmten Angaben von Ort, Zeit und Namen der Figuren. Daher muß sie den Menschen in der Regel nach seinem Naturstande nehmen, d.h. mit allen den Schwächen, Leidenschaften und selbstischen Trieben, welche der ungeläuterten Natur anhängen.«[5] Das in der Novelle thematisierte Ereignis soll neben der Abbildung der Lebenswirklichkeit eine neue und besondere Begebenheit erhalten, passend zum italienischen Ursprung des Wortes (it. *novella* ›Neuigkeit‹): »Als das Wort zuerst unter den Italienern aufkam, sollte es wohl jede Erzählung, jeden Vorfall bezeichnen, die neu noch nicht bekannt waren.«[6] Wie die Historie von realen Fällen zu Lebzeiten Kellers zeigt, ist das in *Kleider machen Leute* dargestellte Ereignis ein ungewöhnliches; jedoch keines, das so nicht geschehen kann.

Vom Stil und Inhalt her ist die Novelle »bizarr, eigensinnig, phantastisch, leicht witzig, geschwätzig und sich ganz in Darstellung auch von Nebensachen verlierend, tragisch wie komisch, tiefsinnig und neckisch, alle diese Farben und Charaktere läßt die echte Novelle zu, nur wird sie immer jenen sonderbaren auffallenden Wendepunkt haben, der sie von allen andern Gattungen der Erzählung unterscheidet«.[7] Auch diese Eigenschaften sind in *Kleider machen Leute* zu finden. Der Wendepunkt ist explizit ausgearbeitet, einige wenige Nebensachen wie das Gespräch zwischen Köchin und Wirt werden ausführlich thematisiert, die erzählten Sujets sind witzig dargestellt und inhaltlich von einer gewissen Tragik und gleichzeitig Ironie durchdrungen. Typisch für die Novelle sind ferner Dingsymbole; das sind Leitmotive, die sich durch den Text ziehen und darin eine sinnhafte Funktion einnehmen. In *Kleider machen Leute* ist dies vor allem der Mantel Wenzels, der für ihn eine herausragende Rolle spielt, indem er ihn etwa erst zum Grafen werden lässt, oder indem er ihn schützt; beim Verrat an ihm trägt er statt des Mantels einen »Überrock«. Wiederholt spielt in Novellen das Schicksal eine wichtige Rolle: »So kann die Novelle zuweilen auf ihrem Standpunkt die Widersprüche des Lebens lösen, die Launen des Schicksals erklären, den Wahnsinn der Leidenschaft verspotten, und manche Rätsel des Herzens, der Menschentorheit in ihre künstlichen Gewebe hinein bilden, daß der lichter gewordene Blick auch hier im Lachen oder in Wehmut, das Menschliche,

1 Sabina Becker, *Bürgerlicher Realismus, Literatur und Kultur im bürgerlichen Zeitalter 1848–1900*, Tübingen/Basel 2003, S. 294.
2 Hans-Dieter Gelfert, *Wie interpretiert man eine Novelle und eine Kurzgeschichte?*, Stuttgart 1993, S. 29.
3 Ebd., S. 32 f.
4 August Wilhelm Schlegel, »Über die Novelle«, in: Herbert Krämer (Hrsg.), *Theorie der Novelle*, Stuttgart 1976, S. 21.
5 Ebd., S. 22.
6 Ludwig Tieck, »Über die Novelle«, in: Herbert Krämer (Hrsg.), *Theorie der Novelle*, Stuttgart 1976, S. 24.
7 Ebd., S. 26.

und im Verwerflichen eine höhere ausgleichende Wahrheit erkennt.«[8] Die Kunstfertigkeit des Einflechtens dieser Motive in die trotz aller Realitätsnähe erforderliche Fiktionalität des Erzählstoffes macht weiterhin ein Charakteristikum des Bürgerlichen Realismus aus: »Realistische Werke treten immer als Diener zweier ›Herrinnen‹ auf, der Kunst und der Wirklichkeit.«[9]

Novellen sind eines der Hauptgenres der Literatur des Bürgerlichen Realismus und zeichnen sich häufig dadurch aus, dass sie in einen Novellenzyklus eingeordnet werden können; *Kleider machen Leute* steht am Beginn des zweiten Teils der *Leute von Seldwyla.* »Die Erzählung ist damit das Pendant zu der Novelle *Pankraz, der Schmoller*, die dieselbe Position im ersten Teil innehat, und dieser Bezug zeigt sich auch auf inhaltlicher Ebene, denn in beiden Fällen wird die erfolgreiche Eingliederung eines Einzelnen in die bürgerliche Gesellschaftsordnung geschildert, wobei die Texte sowohl die Gewinne als auch die Verluste, die mit diesem Vorrang verbunden sind, zum Thema machen.«[10] Die beiden Städte, Goldach und Seldwyla, zeichnen sich durch gewisse Ähnlichkeiten aus, »ja, beide Städtchen sind letztlich miteinander austauschbar, wie auch die Handlung zwischen beiden Orten hin- und herpendelt«[11], so dass die Einbindung der Novelle in den Zyklus zu Seldwyla gerechtfertigt ist: Seldwyla und Goldach »sind Narrengemeinschaften mit einem sehr konkreten sozial-realen Hintergrund.«[12] Und dieser Hintergrund wird in *Kleider machen Leute* von Keller kritisiert. Die zu seiner Lebenszeit herrschenden Lebens- und Arbeitsbedingungen sowie moralische und ethische Fragen, die Übernahme von Rollentypika und »soziales und politisches Verantwortungsbewusstsein«[13] werden in seiner Novelle sowohl in der Figurenzeichnung der Individuen als auch der der Gesellschaft überzeichnet und humoristisch verzerrt. Die Überhöhung des Scheins, die von seinen gründerzeitlichen Mitbürgern vorgenommen wird, im Vergleich zu persönlichen Hintergründen und Schicksalen, die Orientierung bereits damals an Trivialliteratur, die z. B. von »heimatlosen Grafen« berichtete, die fehlende Rücksichtnahme auf weniger Bemittelte oder Arbeitslose sind Themen, die damals wie heute aktuell sind. Dieser gesellschaftskritische Ton wird durch den von Keller angeschlagenen humoristischen Erzählton abgemildert, dennoch ist er lediglich bei sehr oberflächlicher Leseweise ganz zu überhören. Keller selbst war lange Zeit seines Lebens auf die Unterstützung anderer angewiesen; nur zu gut weiß er daher aus eigener Betroffenheit – auch als Schüler der Armenschule –, wie es ist, eher am unteren Rande der Gesellschaft zu leben.

Historisch ist die Entstehungszeit der Novelle geprägt von der sich ausbreitenden Industrialisierung mit all ihren Folgen, wie etwa dem Bankrott kleiner Handwerksbetriebe, der auch Ursache ist für Strapinskis Auswanderung nach Goldach, der sozialen Frage, von Liberalismus und Nationalismus, von dem Wunsch bürgerlicher Beteiligung an politischen Entscheidungen und Parteiengründungen einerseits sowie dem Rückzug in die Kleinbürgerlichkeit des endenden Biedermeiers andererseits.

8 Ebd., S. 27.
9 Hugo Aust, *Literatur des Realismus*, Stuttgart [3]2000, S. 1.
10 Ulrich Kittstein, *Gottfried Keller*, Stuttgart 2008, S. 118.
11 Wilhelm Große, *Modelle zum Umgang mit der Novelle im Deutschunterricht der Sekundarstufe I und II. E. T. A. Hoffmanns »Das Fräulein von Scuderi« und Gottfried Kellers »Kleider machen Leute«*, Mainz 1983, S. 58.

12 Ebd.
13 Becker (Anm. 1), S. 295.

Unterrichtsverlauf

Überblick. Nach einer inhaltlichen Wiederholung der Novelle mittels Video erarbeiten sich die Schülerinnen und Schüler literaturtheoretische Hintergründe zu *Kleider machen Leute* in einem Lernzirkel. Dazu gehören Informationen zur Epoche des Bürgerlichen Realismus, zum Leben von Gottfried Keller, zu Novellenkennzeichen sowie zum Novellenzyklus *Die Leute von Seldwyla.* **! Verkürzter Verlauf: 9.1 – 9.2**

Phase	Thema	Sozialform	Kompetenzen und Lernziele	Materialien
Voraussetzungen: Kenntnis der Novelle Kleider machen Leute				
9.1	Einstieg: »Kleider machen Leute to go« – Youtube-Video	UG	• Verständnis sichern	Video (online)
9.2	Lernzirkel zur Literaturtheorie	GA	• Literarische Bildung erwerben • Kennzeichen von Novelle und Bürgerlichem Realismus dem gelesenen Werk zuordnen • Grundkenntnisse über Gottfried Kellers Leben und Werk erhalten	ARBEITSBLATT 9a ➤ S. 79
9.3 **fakultativ**	Lerntheke 2: Rezension oder Interview	GA	• Textsortenkenntnis entwickeln • Schreibkompetenz ausbilden	ARBEITSBLATT 9b ➤ S. 94 *ARBEITSBLATT 9c ➤ S. 95

9.1 Einstieg: »Kleider machen Leute to go« – Youtube-Video

Unterrichtsschritt. Die Schülerinnen und Schüler vergegenwärtigen sich den Inhalt von *Kleider machen Leute* wiederholend, indem sie die Novelle in einer Kurzversion der Reihe »Sommers Weltliteratur to go« auf Youtube anschauen: youtu.be/dBbxSJ7Nvls (Stand: 2. 9. 2019).

UG

Video (online)

Erläuterungen. In »Sommers Weltliteratur to go« werden unterschiedliche literarische Werke mit Playmobilfiguren in aller Kürze und auf recht einfachem Sprachniveau nachgespielt. Diese Form der Darstellung eignet sich sehr gut zur Wiederholung des Inhalts der Novelle und ist ein motivierender Einstieg.

9.2 Lernzirkel zur Literaturtheorie

Unterrichtsschritt. Die Schülerinnen und Schüler führen einen Lernzirkel durch und erarbeiten sich arbeitsteilig Informationen zum Bürgerlichen Realismus, zum Leben des Autors Gottfried Keller, zu Merkmalen der Novelle sowie zum Novellenzyklus »Die Leute von Seldwyla«. Dafür verwenden sie ARBEITSBLATT 9a ***Lernzirkel: Das Werk literaturhistorisch einordnen.***

GA

ARBEITSBLATT 9a
➤ S. 79

Erläuterungen. Für einen Lernzirkel werden unterschiedliche Stationen – hier vier – aufgebaut, an denen unterschiedliche Aspekte einer Thematik erarbeitet werden. Die Schülerinnen und Schüler werden entsprechend der Stationenanzahl in vier Gruppen eingeteilt Jeder Gruppe wird eine Station zugewiesen, mit der sie beginnt. Bei jeder Station liegen die für eine Bearbeitung des Themenaspekts erforderlichen Arbeitsblätter aus. Nach etwa 20 Minuten Arbeitszeit wechseln die Gruppen die Stationen im Uhrzeigersinn und bearbeiten einen neuen Aspekt. Am Ende des Lernzirkels wurden alle Stationen von allen Schülerinnen und Schülern bearbeitet. Für gewöhnlich wird die Arbeitszeit bereits nach etwa 15 Minuten unterbrochen; nun haben die Schülerinnen und Schüler die Gelegenheit, ihre Arbeitsergebnisse mit dem Erwartungshorizont, der jeder Gruppe zur Verbesserung gegeben wird (ebenfalls auf ARBEITSBLATT 9a), zu vergleichen und ggf. zu korrigieren. Nach 20 Minuten erfolgt dann der Wechsel des Gruppentischs. Diese Methode ermöglicht eine Aktivierung der Lerngruppe durch die Bewegung während des Stationenwechsels. Dadurch wird gleichzeitig auch räumlich deutlich, dass nun ein neuer Themenschwerpunkt beginnt.

Natürlich ist es auch möglich, dass die einzelnen Stationen nacheinander im Plenum erarbeitet werden.

9.3 Lerntheke 2: Rezension oder Interview (fakultativ)

GA

ARBEITSBLATT 9b
➤ S. 94
*ARBEITSBLATT 9c
➤ S. 95

Unterrichtsschritt. Fakultativ können Gruppen, die mit ihren Aufgaben des Lernzirkels vor der Zeit fertig sind, eine der beiden Aufgaben der Lerntheke (ARBEITSBLATT 9b ***Lerntheke 2: Rezension oder Interview***) bearbeiten, gegebenenfalls mit dem Zusatzmaterial (*ARBEITSBLATT 9c ***Lerntheke 2: Rezension oder Interview – Zusatzmaterial***) zur Differenzierung für schwächere Schülerinnen und Schüler. Dabei schreiben sie entweder eine Rezension für ein Jugendmagazin zur gelesenen Novelle oder sie entwickeln ein fiktives Interview mit einer der in der Novelle vorkommenden Figuren.

Erläuterungen. Die Lerntheke kann auch in einer weiteren Unterrichtsstunde oder als Hausaufgabe – und nicht nur als Puffer – bearbeitet werden. Dabei gibt es mehr Möglichkeiten, auf die kreativen Erarbeitungen der Schülerinnen und Schüler einzugehen und diese ausreichend zu würdigen.

Lernzirkel: Das Werk literaturhistorisch einordnen

1. STATION

Bürgerlicher Realismus (1848–1890)

Arbeitsauftrag:
Notiere dir aus folgendem Text die wesentlichen Merkmale des Bürgerlichen Realismus. Überprüfe, welche Merkmale inwiefern auf Gottfried Kellers Novelle *Kleider machen Leute* zutreffen. Schreibe deine Ergebnisse auf.

Der Ursprung des Begriffes »Realismus« liegt im lateinischen Wort *res* ›Sache, Wirklichkeit‹.

Die Zeit der literaturhistorischen Epoche des Bürgerlichen Realismus begann 1848. In diesem Jahr gab es eine Revolution der Bürger, die politische Mitspracherechte verlangten. Sie scheiterte. Daraufhin zogen sich die Bürger ins Private zurück.

Die Werke, die in der Zeit des Bürgerlichen Realismus entstehen, beschäftigen sich häufig mit diesem Bürgertum, daher erhielt der Epochenname den Zusatz »bürgerlich«. Oft zeigen sie auf, dass mit bürgerlicher Moral sowie Arbeit und Fleiß Wohlstand erreicht wird. Meist siegt der sich moralisch »gut« Verhaltende, während der Unmoralische verliert. Politisch wichtige Themen werden eher ausgespart.

1871 wurde aus vielen kleineren Staaten der gesamtdeutsche Staat, das Deutsche Reich, gegründet. Der preußische König Wilhelm I. wurde deutscher Kaiser, Otto von Bismarck Reichskanzler. Wirtschaftliche Folgen der Staatsgründung waren eine Intensivierung der Industrialisierung und damit ein wirtschaftlicher Aufschwung, ein Wachsen der Städte sowie zunehmende Armut der Arbeiterschaft. Zugleich gingen damit traditionelle Werte verloren, Tagelöhner auf dem Land und Kleinbauern wurden durch technische Neuerungen ruiniert. Diese Themen fließen zunehmend in die Literatur ein.

Die Autoren des Bürgerlichen Realismus haben den Anspruch, die Welt möglichst objektiv zu zeigen, also die Realität abzubilden, jedoch auf künstlerische Art und Weise und mit Mitteln der Literatur. Das heißt, recht genaue Beschreibungen von Alltagsszenerien werden mit erfundenen Handlungen verknüpft. Immer wichtig ist aber das Kriterium des Realitätsbezugs: Könnte die Geschichte so auch in der Realität stattfinden? Spiegelt sie die Alltagswirklichkeit? Wenn ja, dann ist das Werk gelungen. Dennoch wird erst die spätere Epoche des Naturalismus ganz auf Detailtreue setzen. Im Bürgerlichen Realismus ist noch die fiktionale und poetische Ausgestaltung erlaubt und erwünscht. Wesentliches sollte übersteigert und somit verdeutlicht werden. Die Literatur muss also zwei Kriterien genügen: Sie muss wahrscheinlich sein und sie muss fiktionale Elemente enthalten.

Thematisch im Mittelpunkt stehen deshalb häufig Einzelschicksale von Figuren aus dem Klein- oder Großbürgertum. Spannungen zwischen dem Einzelnen und der Gesellschaft mit ihren Vorstellungen und Anforderungen finden Eingang in die Literatur. Auch die Darstellung der Innerlichkeit einzelner Figuren wird zum Thema. Viele der Werke des Bürgerlichen Realismus beinhalten humoristische Anspielungen, um die Härte der realen Fälle abzumildern.

Größtenteils wird von Autoren des Bürgerlichen Realismus ein auktorialer Erzählstil eingesetzt. Das bedeutet, dass der Erzähler zwar über alles Bescheid weiß – er kennt auch die Gedanken und Gefühle der handelnden Figuren –, jedoch alles möglichst objektiv beschreibt. Der Erzähler ergreift also für keine Figur Partei, sondern ist eine Art neutraler Beobachter. Humorvolle Wendungen oder Ironie sorgen für die nötige Distanz des Erzählers zum Geschehen.

Um das Jahr 1890 endete die Epoche.

Wortklärungen:

Epoche: Eine Epoche bezeichnet einen größeren historischen Zeitabschnitt; Anfang und Ende einer Epoche sind durch deutlich wahrnehmbare Veränderungen gekennzeichnet.

Tagelöhner: Landarbeiter, der täglich Lohn für seine Arbeit erhält, jedoch dadurch nicht fest angestellt ist und der deshalb auch kein Geld bekommt an Tagen, an denen er nicht arbeitet.

fiktional: frei erfunden

poetisch: kunstvoll, schön

1. STATION: Erwartungshorizont

Bürgerlicher Realismus (1848–1890)

Merkmale »Bürgerlicher Realismus«	Das trifft davon auf *Kleider machen Leute* zu
beschäftigt sich mit dem Bürgertum	Die dargestellte Goldacher Gesellschaft besteht aus dem Bürgertum (Kaufleute, Wirtsleute, Amtspersonen).
Mit bürgerlicher Moral, mit Arbeit und Fleiß entsteht Wohlstand.	Wenzel Strapinski wird mit seiner Arbeit und viel Fleiß am Ende ein wohlhabender Geschäftsmann.
Der sich moralisch »gut« Verhaltende siegt, der »Unmoralische« verliert.	Böhni: Statt Wenzel zur Rede zu stellen, stellt er ihn bloß; er bekommt Nettchen nicht zur Frau.
Armut der Arbeiterschaft	Zu Beginn der Novelle ist Wenzel ein armer Schneidergeselle, der kaum zu essen hat.
Realitätsbezug und Fiktionalität	Geschichte eines Schneiders, der zum wohlhabenden Bürger wird in einer Stadt, die es in der Realität so hätte geben können – dramatische Geschichte seines Aufstiegs zum Grafen und des Absturzes, die fiktional und übersteigert ist, um die Problematik von Schein und Sein deutlicher zu machen.
Auswahl eines Lebensmoments/ Einzelschicksals	Wandlung vom arbeitslosen Schneidergesellen zum Grafen und schließlich zum wohlhabenden Bürger innerhalb kurzer Zeit
Spannungen zwischen dem Einzelnen und der Gesellschaft mit ihren Anforderungen	z. B. »Verstoßung« von Wenzel nach der Aufdeckung seines Betrugs durch die Goldacher
Darstellung der Innerlichkeit	teilweise wird Wenzels Zerrissenheit thematisiert; Gedanken Nettchens nach dem Fest
humoristische Anspielungen	z. B. die Darstellung der Schlittenzüge, die Benennung von Häusern und Kutschen, die anfängliche Unbeholfenheit Wenzels
auktorialer Erzähler	trifft zu: Der Erzähler beschreibt objektiv.

2. STATION

Leben und Werk von Gottfried Keller

Arnold Boecklin, *Gottfried Keller*, Gemälde 1889

Gottfried Keller wurde am 19. Juli 1819 in Zürich geboren als Sohn eines Drechslermeisters und der Tochter eines Landarztes. Nach dem frühen Tod des Vaters, der sich für die liberale Bewegung in der Schweiz und gegen die Politik der bisherigen Eliten eingesetzt hatte, besuchte Gottfried einige Jahre die Armenschule, dann die weiterführende Schule. Mit fünfzehn Jahren wurde er zu Unrecht von Mitschülern beschuldigt, einen Aufstand vor dem Haus eines ungeliebten Lehrers angeführt zu haben, und musste daraufhin die Schule verlassen. Gottfried entschied sich, nun den Beruf des Landschaftsmalers zu lernen. Hierbei geriet er jedoch auch immer wieder in Schwierigkeiten, z.B. durch schlechte Lehrer oder weil Bilder versehentlich zerstört wurden.

Während dieser finanziell kritischen Phase, in der Gottfried neben einem kleinen Erbe immer wieder die Unterstützung seiner Mutter in Anspruch nehmen musste, las er zahlreiche Bücher bekannter deutscher Autoren oder die griechischen Klassiker. Auch schrieb Gottfried Keller bereits in jener Zeit einige Entwürfe zu Dramen und Gedichten.

1839 engagierte er sich erstmals politisch, indem er sich bei einem Putschversuch für die liberale Züricher Regierung einsetzte. Trotz einer ersten Veröffentlichung von Gedichten hatte Gottfried Keller nach wie vor kaum Einkünfte. U. a. daher und auch wegen seiner kleinen Statur blitzte er wiederholt bei Frauen ab. Keller war unglücklich darüber, dass er zu wenig Schulbildung genossen hatte, um an der politischen Umgestaltung der Schweiz mitwirken zu können, und bildete sich autodidaktisch fort.

Dies erfuhren zwei Gönner, die ihm ein Stipendium für eine Bildungsreise nach Deutschland finanzierten. 1848 begab sich Keller nach Heidelberg und hörte Lesungen an der Universität. Schließlich reiste Keller weiter nach Berlin, wo er fünf Jahre blieb. In diesen Jahren schrieb er seine bedeutendsten Werke, den *Grünen Heinrich* und den ersten Teil der Novellensammlung *Die Leute von Seldwyla*. Doch weiterhin lebte Keller finanziell in unsicheren Verhältnissen. Dies lag auch daran, dass er seine Unabhängigkeit liebte, Treffen von Schriftstellern und Schauspielern mied und somit keinen Kontakt zu möglichen Förderern hatte. Vielleicht war das darin begründet, weil er sich in Berlin nie ganz heimisch fühlte und Sehnsucht hatte nach seiner Mutter und seiner Schwester Regula.

Nach insgesamt sieben Jahren in Deutschland kehrte er schließlich in die Schweiz zurück, unter anderem, da ihn seine Mutter dort weiterhin finanziell unterstützen konnte. In der Folge schrieb er vor allem

Texte für Feste, z. B. Gedichte, Liedtexte oder Reden. Weiterhin war er politisch aktiv. 1861 erhielt Keller die hervorragend besoldete Stelle als Erster Staatsschreiber des Kantons Zürich trotz mancher Kritik, ihn statt eines Juristen oder Verwaltungsbeamten einzustellen. Nun hatte Keller zwar weniger Zeit für seine Schriftstellerei, jedoch einen geregelten Tagesablauf und feste Einkünfte. Obwohl die liberale Regierung durch eine demokratische abgelöst wurde, blieb Keller einige Jahre in seinem Amt.

1865 lernte Keller die sehr christlich orientierte Luise Scheidegger kennen, mit der er sich 1866 verlobte. Bereits wenige Wochen nach der Verlobung nahm sich Scheidegger jedoch das Leben. Ursache waren möglicherweise Gerüchte, die ihr über Keller hinterbracht wurden, und die ihn als Trunkenbold und Atheisten beschrieben. 1869 wurde Keller von der juristischen Fakultät der Universität Zürich die Ehrendoktorwürde verliehen. Dennoch war Keller unglücklich, der Grund dafür lag in seiner Ehelosigkeit.

Als Ergänzung zum ersten Teil seiner Seldwyler Geschichten erschienen 1874 fünf neue Novellen, u. a. *Kleider machen Leute*. 1876, als der Novellenzyklus *Die Leute von Seldwyla* in schneller Folge die dritte Auflage erreicht hatte, legte Keller sein Amt als Staatsschreiber nieder, zumal ihm keine Pension daraus zustand. In den nächsten fünfzehn Jahren vervollständigte Keller alle Entwürfe, die er in Berlin begonnen hatte. Gottfried Keller starb am 15. Juli 1890.

Wortklärungen:

Staatsschreiber: Ein Staatsschreiber (schweizerischer Ausdruck) leitet die Staatskanzlei (Stelle der Kantonsregierung) eines Kantons. Er darf an den Beratungen der Regierung teilnehmen.

Atheist: Ungläubiger

Pension: Bezüge von Beamten im Ruhestand

Arbeitsauftrag:
Löse folgendes Rätsel zum Leben und Werk Gottfried Kellers. Umlaute werden in Einzelbuchstaben aufgeschlüsselt: *Ä = AE, Ü = UE, Ö = OE*

1. Beruf des Vaters von Gottfried Keller
2. Geburtsort
3. Erster Schulbesuch Kellers war in einer …
4. Diesen Beruf lernte Keller
5. Erstes politisches Engagement Kellers war bei einem …
6. Dieser Statur war Keller
7. Jemand, der sich selbst weiterbildet
8. Erster Aufenthaltsort Kellers in Deutschland
9. Hier in Deutschland blieb Keller fünf Jahre lang
10. Wichtiges Werk Kellers (zwei Wörter)
11. So viele Jahre war Keller insgesamt in Deutschland
12. Diese Stelle hatte Keller in Zürich inne
13. Nachname der Verlobten Kellers
14. Diesen Titel erhielt Keller 1869
15. So viele Novellen enthält der zweite Band von *Die Leute von Seldwyla*

▼4 ▼13 ▼6 ▼1 ▶2 ▶5 ▶11 ▼10 ▶12 ▶15 ▼8 ▶3 ▶9 ▶14 ▶7

2. STATION: Erwartungshorizont

Leben und Werk von Gottfried Keller

- ▼1 DRECHSLERMEISTER
- ▶2 ZUERICH
- ▶3 ARMENSCHULE
- ▼4 LANDSCHAFTSMALER
- ▶5 PUTSCHVERSUCH
- ▼6 KLEIN
- ▶7 AUTODIDAKT
- ▼8 HEIDELBERG
- ▶9 BERLIN
- ▼10 GRUENERHEINRICH
- ▶11 SIEBEN
- ▶12 STAATSSCHREIBER
- ▼13 SCHEIDEGGE
- ▶14 EHRENDOKTOR
- ▶15 FUENF

3. STATION

Die Novelle: Charakteristika und Kennzeichen

Arbeitsauftrag:
Notiere dir aus folgendem Text die wesentlichen Merkmale der Novelle. Überprüfe, welche Merkmale inwiefern auf Gottfried Kellers Novelle *Kleider machen Leute* zutreffen und schreibe diese auf.

Der Begriff »Novelle« hat seinen Ursprung im Lateinischen (*novus* ›neu‹) und dem folgend im Italienischen (*novelle* ›kleine Neuigkeit‹). Bei der Novelle handelt es sich um eine kurze Erzählung in Prosaform.

Die Novelle entstand in Italien zur Zeit der Renaissance (14.–16. Jh.). Wichtigster Vertreter in Italien war Giovanni Boccaccio (1313–1375) mit seinem *Decameron* (1348–1353).

Goethe definierte die Novelle als Darstellung einer »unerhörten Begebenheit«. Das bedeutet, dass in einer Novelle etwas beschrieben wird, das sozusagen Skandalcharakter hat. Der Stoff einer Novelle behandelt folglich ein in der Realität vorstellbares Ereignis, das neu, außergewöhnlich und aufregend ist. Bei der Darstellung wird meist die Konfrontation des Neuen, Außergewöhnlichen mit dem Normalen und Gewohnten in den Mittelpunkt gestellt. Goethe beschrieb das so, dass es in der Novelle um »den Konflikt des Gesetzlichen und des Ungebändigten, des Verstandes und der Vernunft, der Leidenschaft und des Vorurteils« gehe.

Die Novelle weist inhaltlich über das Erzählte hinaus; d. h. sie vermittelt eine Botschaft, die gedeutet werden kann.

Eine Novelle hat eine meist strenge und geschlossene Form mit klarem Höhe- bzw. Wendepunkt. Diese Wendepunkte sind für den oder die Protagonisten schicksalshaft. Weitere Kennzeichen der Novelle sind die straffe, geradlinige Handlungsführung (es gibt also keine Nebenhandlungen) sowie die Abwechslung von eher knapp dargestellten Passagen mit solchen, die in epischer Breite geschildert werden. Der Grund dafür liegt darin, dass die Novelle das Erzählte auf das Wichtigste reduzieren möchte. Dieses wird jedoch ausführlich dargestellt, oft in direkter Figurenrede statt in Erzählerrede. Dazu passt auch, dass für gewöhnlich nur wenige Figuren vorkommen, nämlich nur solche, die konkret mit der Handlung zu tun haben. Die Konfrontation bzw. der Konflikt wird bis zu einer Entscheidung gebracht, es wird erzählt, wie die Geschichte endet. Die Struktur der Novelle besteht – ähnlich dem Drama – aus den Schritten Exposition – Hinführung zur Krise – Krise/Wendepunkt – Verzögerung – Lösung oder Katastrophe.

Als sprachlich-stilistisches Mittel wird häufig die Vorausdeutung eingesetzt, die sich oft schon im Titel der Novelle zeigt. Die Novelle durchziehen ferner für gewöhnlich ein sprachliches Leitmotiv sowie Dingsymbole, die eine übertragene Bedeutung haben und symptomatisch für bestimmte Inhalte stehen.

Häufig werden mehrere Novellen in einen Novellenzyklus zusammengefasst. Der einzelne Novellentext wird damit in einen Rahmen eingebettet.

Wortklärungen:

Prosa: in Unterscheidung zur Lyrik (Gedichte) eine ungebundene Form der Darstellung ohne Reim und Metrik.

Epik: eine der drei Gattungen der Literatur (Epik, Lyrik, Drama), bezeichnet die erzählende Literatur.

Protagonist: Die Hauptfigur einer Handlung wird als Protagonist bezeichnet. Ihren Gegenspieler nennt man »Antagonist«.

Figurenrede: Die in der Novelle vorkommenden Figuren sprechen wie in einem Theaterstück mit viel Text.

Erzählerrede: Der Erzähler schildert die Vorgänge.

Drama: Das Drama ist eine der drei literarischen Gattungen (siehe oben) und besteht meist nur aus Figurenrede und Anweisungen für die Schauspieler. Grob gesagt könnte man das Drama als »Theaterstück« charakterisieren.

Exposition: Mit der Exposition wird der Zuschauer einer dramatischen Aufführung auf das Geschehen vorbereitet; die Ausgangssituation, wesentliche im Drama vorkommende Personen sowie Zeit und Ort des Geschehens werden hier beispielsweise vorgestellt.

Leitmotiv: Das Leitmotiv ist ein künstlerisches Mittel, das wiederholt in einem Werk auftritt. Es kann aus Figuren, Farben, Stimmungen, sprachlichen Mitteln, Redewendungen, Handlungsweisen, Orten, Gesten etc. bestehen. Auch das Dingsymbol ist eine Form des Leitmotivs.

Dingsymbol: Ein Dingsymbol ist ein meist lebloses Objekt (oder auch manchmal Tiere oder Pflanzen), das in der Novelle immer wieder auftaucht und das für etwas Bestimmtes steht, das also eine Bedeutung hat.

symptomatisch: typisch oder bezeichnend für etwas

3. STATION: Erwartungshorizont

Die Novelle: Charakteristika und Kennzeichen

Merkmale »Novelle«	Das trifft davon auf *Kleider machen Leute* zu
kurze Erzählung in Prosa	trifft zu
Darstellung einer unerhörten Begebenheit	Schneidergeselle gibt sich als Graf aus.
Neues gegenüber Normalem/Gewohntem	Aufruhr der bürgerlichen Gesellschaft durch die Ankunft des Grafen, den Betrug des Wenzel Strapinski
realistisches Ereignis	Die Begebenheit hätte so stattfinden können.
klarer schicksalshafter Wendepunkt	Verlobungsfeier mit »Entlarvung« Wenzel Strapinskis
straffe, geradlinige Handlungsführung	Es wird dargestellt, wie es zur Verwechslung kam, deren Entdeckung und die Folgen.
einzelne Passagen in epischer Breite	Beschreibung der Häuser Goldachs, der Schlittenzüge
direkte Figurenrede	Gespräch Wirt–Köchin, Nettchen–Wenzel nach der Verlobungsfeier
wenig Figuren	Wenzel, Nettchen, Wirt, Köchin, Abendherren, Amtsrat, Rechtsanwalt, Lehrherr Wenzels – ansonsten unbenannte Figuren
Ende der Novelle bekannt	»Happy End«: Wenzel und Nettchen heiraten, gelangen zu Wohlstand
Vorausdeutung	Schon der Titel weist auf den Inhalt hin: *Kleider machen Leute* – Wenzel wird aufgrund seiner vornehmen Kleidung für einen Grafen gehalten
Leitmotiv bzw. Dingsymbol	Redewendung »Kleider machen Leute«, Fingerhut, dunkelgrauer Radmantel, polnische Pelzmütze
Einbettung in Novellenzyklus	*Die Leute von Seldwyla* – Sammlung von zehn Novellen
Dramenartiger Aufbau:	
1. Exposition	Wenzel kommt in Kutsche nach Goldach, wird für einen Grafen gehalten, findet sich in Goldacher Gesellschaft ein, Nettchen und Wenzel verlieben sich.
2. Hinführung zur Krise	Böhni wittert Verdacht, er schmiedet mit den Seldwylern ein Komplott, Wenzels Fluchtgedanken, Ballbesuch und Gartenaufenthalt mit Nettchen
3. Krise	Verlobungsfeier in dem zwischen Goldach und Seldwyla gelegenen Gasthof
4. Verzögerung	Wenzels Gespräch mit Nettchen im Bauernhof, Gegnerschaft der Goldacher und Seldwyler Gespräch Nettchens mit ihrem Vater
5. Lösung	Wenzel und Nettchen heiraten.

4. STATION

***Die Leute von Seldwyla*: der Novellenzyklus**

In unterzeichnetem Verlage erscheinen gegenwärtig: [586 a St.

Die

Leute von Seldwyla.

Erzählungen

von

Gottfried Keller.

Zweite vermehrte Auflage in 4 Bänden.

Preis des Bandes Thlr. 1. 5 Sgr. oder fl. 2.

Die unter diesem Titel bekannt gewordenen Erzählungen Gottfried Keller's haben gewissermaßen eine eigene Gattung der novellistischen Literatur begründet. Man glaubt in eine andere Welt zu blicken, so neu und fremdartig scheint erst alles, was er schildert; bald jedoch findet man, daß es die gewöhnlichen Lebenskreise sind, die er darstellt, aber in einer Beleuchtung, welche durch einen tiefpoetischen, das Tragische wie das Barocke und Philisterhafte gleich meisterhaft behandelnden Humor in die wunderbarsten Farbentöne gebrochen ist. Diese unvergleichlichen Erzählungen erscheinen hier auf das Doppelte der früheren vermehrt, in zweiter, neu durchgesehener Auflage.

Stuttgart, November 1873.

G. J. Göschen'sche Verlagshandlung.

Der Novellenzyklus *Die Leute von Seldwyla* von Gottfried Keller besteht aus zwei Teilen. Den ersten Teil, der sich aus fünf Novellen zusammensetzt, schrieb Keller in Berlin in den Jahren 1853–1855. Der zweite Teil, ebenfalls fünf Novellen, entstand zwischen 1860 und 1875, in der Zeit, als Keller Staatsschreiber in Zürich war. Veröffentlicht wurde der gesamte Zyklus ab 1873.

Teil 1: Die ersten fünf Novellen

Seldwyla wird als kleine schweizerische Stadt dargestellt, umgeben von Bergen und waldreichen Hügeln. Sie ist von Stadtmauern begrenzt, an denen Wein angebaut wird. Die eigentlich reiche Stadt wird bewohnt von armen Bürgern, was daran liegt, dass diese weder sparsam noch zielstrebig sind. Die Bürger sind trotzdem stets fröhlich, etwas leichtsinnig und zum Feiern aufgelegt, allerdings vor allem die jüngere Bevölkerung, die ihr Leben mit Krediten oder Aktienhandel gestaltet. Etwa ab dem Alter von 30 Jahren sind die Seldwyler jedoch arm und müssen sich mühsam ihren Lebensunterhalt finanzieren. Die Fleißigeren und Klügeren wandern aus, so dass man überall auf der Welt die Leute von Seldwyla treffen kann. Politisch engagieren sich die Seldwyler am liebsten, indem sie auf Ungerechtigkeiten der regierenden Partei schimpfen und sich immer der Opposition anschließen. Das Leben einzelner Figuren aus diesem Städtchen beschreibt Keller in seinen Novellen.

In **Pankraz, der Schmoller** geht es um einen jungen Mann, der nicht weiß, was er mit sich und seinem Leben anfangen soll, und der seine Umwelt, besonders seine Mutter, durch ständiges Schmollen quält, bis er mit vierzehn Jahren Soldat in der britischen Kolonialarmee in Indien wird. Nach einer unglücklichen Liebe geht er mit der französischen Fremdenlegion nach Algerien und wird dort in seinem Liebeskummer beinahe von einem Löwen gerissen. Kameraden retten ihn jedoch, und mit 37 Jahren kehrt er zurück in die Heimat, durch seine Erfahrungen gereift zu einem freundlichen und vernünftigen Mann.

Romeo und Julia auf dem Dorfe knüpft an das berühmte Stück von Shakespeare an. Keller verlegt es nach Seldwyla. Zwei reiche Bauern eignen sich beim Pflügen schrittweise das Feld eines Armen an und geraten darüber in Streit, wem davon mehr gehöre. Der Streit wird so erbittert, dass sie vor Gericht ziehen und schließlich ihren Besitz verlieren. Ihre Kinder, Sali und Vrenchen, lieben sich, wissen jedoch um die Aussichtslosigkeit ihrer Liebe. Sie nehmen sich schließlich nach einem schönen gemeinsamen Tag zusammen das Leben.

Frau Regel Amrein und ihr Jüngster handelt von zwei Personen, die dem Seldwyler Lotterleben trotzen. Frau Amrein wird von ihrem Mann verlassen, der vor seinen Gläubigern fliehen muss. Sie schafft es, seinen Besitz nicht nur zu retten, sondern daraus Profit zu schlagen. Ihre Söhne erzieht sie entgegen der allgemeinen Seldwyler Leichtlebigkeit.

Die drei gerechten Kammmacher sind fleißige und ordentliche Handwerker auf Walz, die von außerhalb nach Seldwyla kommen. Alle drei verlieben sich in Züs Bünzlin, die jedoch ein böses Herz hat und zwei der Gesellen ins Unglück treibt. Der dritte darf sie zwar heiraten, wird jedoch seines Lebens nicht mehr froh.

Die Märchennovelle **Spiegel, das Kätzchen** handelt vom Kater Spiegel, der im Mittelalter dem Seldwyler Hexenmeister Pineiß begegnet. Beide schließen einen Handel: Spiegel wird vom Hexenmeister fett gefüttert, dafür muss sich Spiegel eines Tages zur Fettgewinnung für die Zauberei schlachten und auskochen lassen. Als es jedoch so weit ist, erzählt Spiegel dem Hexenmeister, dass er einen Goldschatz kenne, den nur er heben könne. Das gelingt ihm und Pineiß erhält das Gold und eine schöne, junge Ehefrau. Diese verwandelt sich aber in der Hochzeitsnacht in seine verhasste Nachbarin Beghine, die Hexe.

Teil 2: Die zweiten fünf Novellen

Da sich die Welt überall ändert in Richtung Seldwyler Eigenarten wie etwa der Lust zum Spekulieren, ist die Stadt kaum mehr etwas Besonderes. Dabei gehen jedoch in Seldwyla die positiven Eigenschaften der Bevölkerung verloren wie Lustigkeit, Lachen und politische Diskussionen. Der Verfasser möchte daher noch einige Episoden aus »guten lustigen Tagen« anführen und auch andere Städte einbeziehen.

Die erste Novelle in Band 2 nimmt mit **Kleider machen Leute** das benachbarte Städtchen Goldach in den Blick.

In der folgenden Novelle **Der Schmied seines Glücks** geht es um Hans Kabis, der, um den Eindruck eines Mannes von Welt und Unternehmers zu machen, sich in John Kabys umbenennt. Allerdings ist er beruflich wenig erfolgreich und wendet sich schließlich an seinen alten reichen Vetter, der in Augsburg lebt. Da dieser selbst keine Kinder hat, setzt er John als Erben ein. Dieser beginnt indes ein Verhältnis mit der jungen Frau seines Vetters. Der Vetter schickt John auf Studienreise und als dieser zurückkommt, gibt es im Hause des Vetters ein Baby. Der Vetter, der nichts von Johns Affäre mit seiner Frau weiß, meint, dass es sein Kind sei und enterbt John, da er ja nun selbst einen Stammhalter habe. John kehrt enttäuscht nach Seldwyla zurück und kann dort eine kleine Schmiede kaufen, um sich nun selbst sein Glück zu schmieden.

Die missbrauchten Liebesbriefe handeln von einem Briefwechsel zwischen dem erfolgreichen Händler und Hobbyliteraten Viggi Störteler, seiner Frau Gritli und dem jungen, romantischen Schulmeister Wilhelm. Störteler will seine Frau zu seiner Muse machen und schickt ihr von seinen Geschäftsreisen schwärmerische Liebesbriefe, die sie beantworten muss. Gritli fühlt sich überfordert, schreibt die Briefe ab und schickt sie an Wilhelm. Dieser antwortet ihr mit glühenden Liebesbriefen, die sie wiederum abschreibt und an ihren Mann sendet. Nach einer Weile kommt Viggi auf den Schwindel, woraufhin Wilhelm seine Stelle verliert. Er zieht sich in die Einsamkeit zurück, doch Gritli hat ihr Herz für ihn entdeckt und beide werden ein Paar. Viggi kommt mit Kätter Ambach zusammen, einer gebildeten Frau, die seine neue Muse wird, jedoch mit ihm sein Vermögen verjubelt.

Die Novelle **Dietegen** beleuchtet grausame mittelalterliche Bräuche. In der Nähe von Seldwyla liegt die Stadt Ruechenstein. Hier herrscht die Blutgerichtsbarkeit. Das heißt, dass Verbrechen mit dem Tod bestraft werden konnten. In Ruechenstein wurde dies häufig so gehandhabt. Dietegen etwa, ein Waisenjunge, wurde des Diebstahls einer Armbrust beschuldigt und sollte am Galgen hingerichtet werden. Die Hinrichtung sollte genau an dem Tag stattfinden, als die Seldwyler dort geladen waren, um ein Fest zu feiern, das das Ende einer langen Fehde zwischen den beiden Städten bedeuten sollte. Als die Gäste die Hinrichtung sehen, wollen sie nicht mehr feiern und reisen zurück. Auf dem Heimweg sehen sie den Wagen mit dem Sarg des Jungen, und ein Seldwyler Mädchen, Küngolt, entdeckt, dass Dietegen noch lebt. Ihre Eltern nehmen den Jungen bei sich auf, und Küngolt und Dietegen wachsen gemeinsam auf, wobei er sie beschützt, während sie sich ihm überlegen zeigt und mit wenig positiven Eigenschaften auffällt. Mit diesen stiftet sie wieder Unfrieden zwischen den Städten, was Dietegen dazu bringt, in den Kriegsdienst zu ziehen. Dort erfährt er, dass Küngolt von den Ruechensteinern gefangengenommen und der Hexerei bezichtigt wurde. Er rettet sie, nach altem Rechtsbrauch, indem er ihr auf dem Schafott einen Heiratsantrag macht. Nun sind die beiden gleichgestellt und werden schließlich doch noch glücklich.

Die Novelle **Das verlorne Lachen** spielt dagegen im Seldwyla zur Zeit Kellers. Jukundus, ein armer Offizier der Schweizer Armee, und Justine, eine reiche Seidenfabrikantentochter, wollen heiraten. Jukundus berät einen Bruder von Justine gut, so dass deren Eltern trotz seiner niederen Herkunft der Ehe zustimmen. Allerdings fehlt es ihm an kaufmännischem Können, und er hat wenig Verständnis für die religiöse Bewegung, der Justine angehört. Bei einem Ehestreit sagt Justine ein Schimpfwort zu ihm, und Jukundus verlässt das Haus. Das beide vorher auszeichnende Lächeln erlischt aus ihren Gesichtern. Als eine Handelskrise ausbricht, die die Seidenfabrikanten an den Rand des Ruins bringt, Justine in deren Zusammenhang erkennt, dass ihr die religiöse Bewegung keinen Halt bietet, und Jukundus sehen muss, dass eine politische Bewegung, der er gefolgt war, sich als Verleumdungsaktion herausstellt, treffen sich beide wieder und sprechen sich aus. Dabei kommt auch ihr Lachen zurück, da Jukundus Justine bittet, das Schimpfwort zu wiederholen, was sie in Form eines Koseworts macht: »Lumpazi«.

Arbeitsauftrag:
Ordne die folgenden Figuren und Handlungsschritte den jeweiligen Novellen aus Gottfried Kellers Novellenzyklus *Die Leute von Seldwyla* zu, indem du die passenden Bezeichnungen mit Strichen verbindest.

Novellentitel	Figuren/Handlungsschritte
Pankraz, der Schmoller	Nettchen
Romeo und Julia auf dem Dorfe	Jukundus und Justine
Frau Regel Amrein und ihr Jüngster	Ein junger Mann wird im Liebeskummer fast von einem Löwen gerissen.
Die drei gerechten Kammmacher	Hexenmeister Pineiß
Spiegel, das Kätzchen	Ein Mädchen wird vor dem Schafott gerettet.
Kleider machen Leute	Sali und Vrenchen
Der Schmied seines Glücks	Züs Bünzlin
Die missbrauchten Liebesbriefe	Kätter Ambach
Dietegen	Eine Frau erzieht ihre Kinder entgegen der Seldwyler Leichtlebigkeit.
Das verlorne Lachen	John schmiedet selbst sein Glück.

Zusatzaufgabe: Welche der Novellen würdest du evtl. gerne noch lesen? Gib mindestens einen Titel hier an:

___

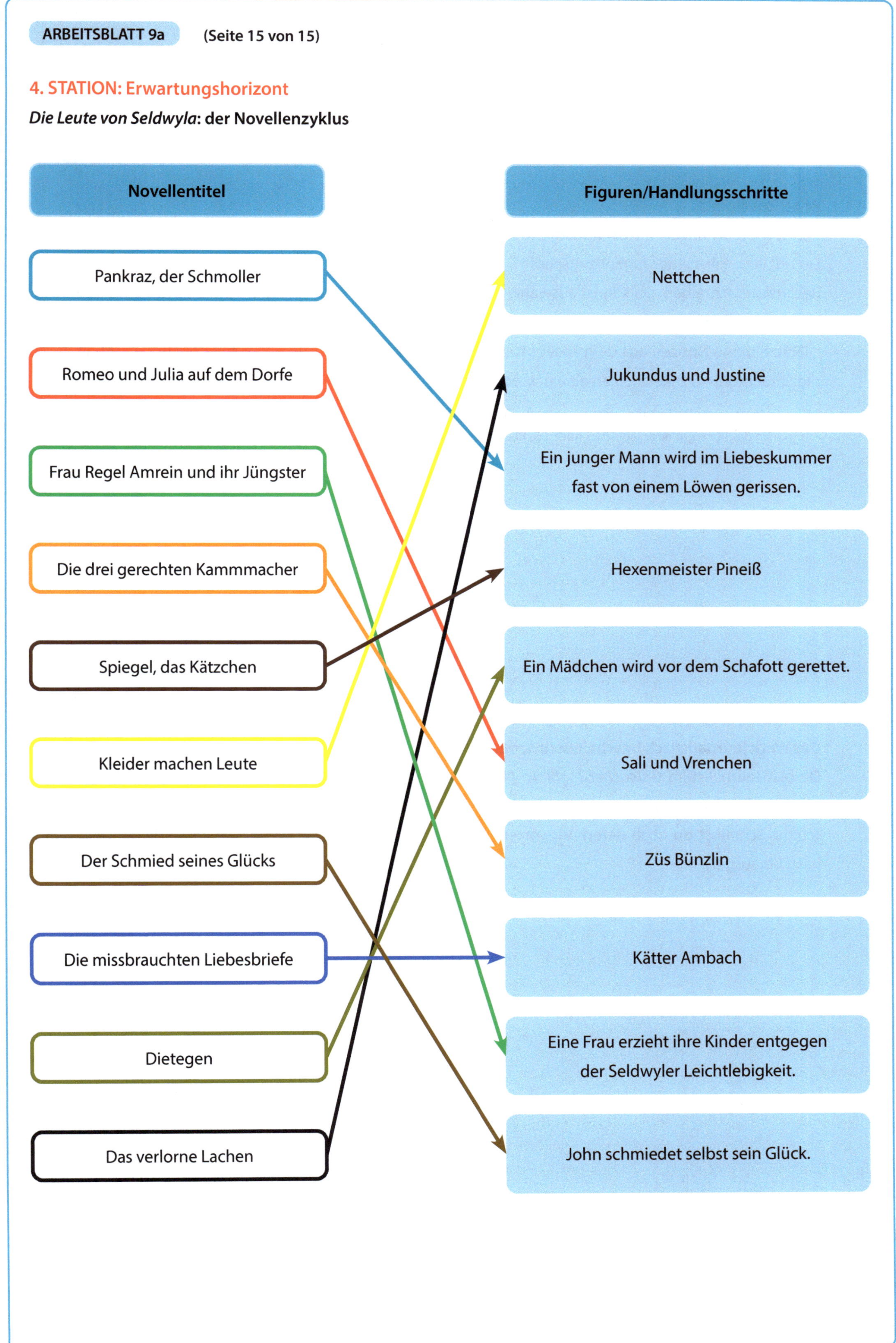
ARBEITSBLATT 9a
(Seite 15 von 15)
4. STATION: Erwartungshorizont
Die Leute von Seldwyla: der Novellenzyklus
Novellentitel
Figuren/Handlungsschritte
Pankraz, der Schmoller
Romeo und Julia auf dem Dorfe
Frau Regel Amrein und ihr Jüngster
Die drei gerechten Kammmacher
Spiegel, das Kätzchen
Kleider machen Leute
Der Schmied seines Glücks
Die missbrauchten Liebesbriefe
Dietegen
Das verlorne Lachen
Nettchen
Jukundus und Justine
Ein junger Mann wird im Liebeskummer fast von einem Löwen gerissen.
Hexenmeister Pineiß
Ein Mädchen wird vor dem Schafott gerettet.
Sali und Vrenchen
Züs Bünzlin
Kätter Ambach
Eine Frau erzieht ihre Kinder entgegen der Seldwyler Leichtlebigkeit.
John schmiedet selbst sein Glück.

ARBEITSBLATT 9b

Lerntheke 2: Rezension oder Interview

Arbeitsauftrag 1:

Das Werk journalistisch einschätzen (Rezension)

Du bist Journalist einer Jugendzeitschrift. Dort sollst du über Gottfried Kellers Novelle *Kleider machen Leute* eine Rezension* schreiben. Du kannst auswählen, ob du ein Journalist zur heutigen Zeit sein möchtest oder zur Zeit Gottfried Kellers.

Nutze deine Notizen aus dem Leseportfolio zur Argumentation. Gehe dabei sowohl auf den Inhalt als auch die Sprache ein. Denke auch an eine passende Überschrift.

* Eine Rezension ist eine Buchbesprechung. Das Buch wird inhaltlich sehr knapp vorgestellt und es wird begründet dargelegt, ob und warum man das Buch gut oder schlecht findet. Die Rezension ähnelt also einer Argumentation nach einer sehr kurzen Inhaltszusammenfassung.

Arbeitsauftrag 2:

Das Werk journalistisch bearbeiten (Interview)

Du bist Journalist im *Goldacher Tagblatt*. Als solcher sollst du ein Interview mit einer der handelnden Figuren führen. Überlege dir, wen du auswählen möchtest und welche Fragen du der Figur stellen könntest. Im Anschluss schreibst du noch deren Antworten auf. Diese dürfen gerne über das, was du in der Novelle erfahren hast, hinausgehen.

Lerntheke 2: Rezension oder Interview – Zusatzmaterial

Zusatzmaterial zu Arbeitsauftrag 1:

Das Werk journalistisch einschätzen (Rezension)

1. Passende Satzanfänge

Für den Beginn der Rezension:

In Gottfried Kellers Novelle *Kleider machen Leute* geht es um …
Gottfried Kellers Novelle *Kleider machen Leute* handelt von …

Weitere Satzanfänge:

Ich finde Gottfried Kellers Novelle *Kleider machen Leute* gelungen, weil…
Ich halte Gottfried Kellers Novelle *Kleider machen Leute* geeignet für Jugendliche in meinem Alter, denn …

Ich glaube, dass Gottfried Kellers Novelle *Kleider machen Leute* eher nicht gelungen ist, weil …
Ich bin der Meinung, dass Gottfried Kellers Novelle *Kleider machen Leute* wenig geeignet ist für Jugendliche in meinem Alter, denn…

Inhaltlich ist die Novelle …, weil …
Die Darstellung ist …, denn …
Für mich klingt die Sprache …, da …

2. Treffende Adjektive

Hilfreiche Wörter für die Formulierung der Bewertung – positive Urteile:

gut, positiv, schön, sinnvoll, sympathisch, hervorragend, ideal, perfekt, ausgezeichnet, großartig, bewundernswert, beachtungswürdig, musterhaft, enorm, gekonnt, kundig, fähig, verwendbar, brauchbar, interessant, einmalig, witzig, unglaublich, außergewöhnlich, eindrucksvoll, beachtlich, hervorstechend, erstaunlich, bedeutend, angenehm, vortrefflich, glaubhaft, geeignet, einfühlsam, erfolgreich, formvollendet, einwandfrei, qualifiziert, empfehlenswert, passend, geistreich, erfinderisch, fantasievoll, genial, geschickt, findig, originell, kreativ, ideenreich, imponierend, meisterhaft, lobenswert, vorbildlich, einzigartig, phänomenal, auserlesen, scharfsinnig, pfiffig, gewieft, brillant, vortrefflich, unübertrefflich, hochwertig, optimal, beispielhaft, fantastisch, meisterlich, erstklassig, unvergleichlich, zeitgemäß, aktuell …

Negative Urteile:

schlecht, negativ, unsinnig, missraten, mangelhaft, fürchterlich, grauenvoll, schrecklich, unangenehm, grässlich, entsetzlich, abscheulich, altbacken, altmodisch, überflüssig, ratlos, unmöglich, umsonst, uneffektiv, unnötig, bedeutungslos, armselig, gewöhnlich, geringwertig, nutzlos, schwach, untauglich, wertlos, fehlerhaft, klein, dürftig, unbefriedigend, stümperhaft, dilettantisch, einfach, unnütz, belastend, ungünstig, ärgerlich, unerfreulich, erfolglos, gescheitert, katastrophal, hässlich, altertümlich, empörend, unangenehm, schlimm, ungebührlich, ruchlos, mühevoll, unangebracht, unpassend, unerfreulich, unqualifiziert, minderwertig, miserabel, unratsam, unstrukturiert, unzusammenhängend, unüberschaubar, planlos, hinderlich, fatal, einfach, billig, unschicklich, misslungen, schiefgegangen, unglücklich, anfängerhaft, dürftig, böse, haarsträubend …

Schlage diejenigen Wörter im Wörterbuch nach, die du nicht kennst!

Zusatzmaterial zu Arbeitsauftrag 2:

Das Werk journalistisch bearbeiten (Interview)

Aus folgenden Figuren kannst du dir eine auswählen:

- Wenzel Strawinski
- Melchior Böhni
- Nettchen
- Wirt oder Köchin
- Amtsrat
- Einen der Goldacher Abendherren

Überlege dir:

- In welchen Szenen tritt diese Person auf?
- Welche Rolle spielt sie für die Handlung?
- Was hat sich diese Figur in bestimmten Szenen gedacht?
- Welche Gefühle hatte sie?
- Hat die Person im Laufe der Novelle eine Wandlung erfahren?
- Wie ging es der Figur im Verlauf der Geschichte?

Als Fragen für den Einstieg deines Interviews eignen sich:

- Vielleicht könnten Sie unseren Lesern zunächst etwas über sich als Person erzählen?
- Wie haben Sie die Ereignisse erlebt?

Denke daran, dass ein Journalist dazwischen immer wieder genau nachfragt.
Hierfür eignen sich folgende Fragen:

- Wie genau meinen Sie das?
- Können Sie das nochmals in anderen Worten für unsere Leser zusammenfassen?
- Was verstehen Sie unter …?
- Können Sie das exakter erklären?
- Und wie erging es Ihnen, als …?
- Was denken Sie, wie erging es …?
- Was genau hat sich da zugetragen?
- Wie beurteilen Sie die Person … / die Sache?
- Was vermuten Sie: Was sind die Hintergründe?
- Was glauben Sie: Wie wird es für Sie weitergehen?

Hilfreiche Verben für die Antworten:

glauben, denken, meinen, vermuten, mutmaßen, annehmen, sich vorstellen, annehmen, befürchten, erahnen, der Meinung sein, der Ansicht sein, schwanen, beabsichtigen, aufdecken, erwarten, beweisen, weissagen, eine Rolle spielen, schätzen, tippen, rechnen mit, beurteilen, erkennen, überzeugt sein, bedenken, klarstellen, enthüllen, auffassen, sich anvertrauen, entdecken, entschleiern, gestehen, erklären, einwenden, herausfinden, erschrecken, bedauern, erwidern, sagen, antworten, befehlen, raten, Verdacht schöpfen, unterstellen, Standpunkt vertreten, für richtig/falsch halten, für/gegen etwas stimmen, anstiften, anfangen, verschulden, bewirken, bemerken, misstrauen, den Braten riechen, prophezeien, spekulieren, fühlen, rechnen mit, erachten, erreichen, erarbeiten, erzielen, sich aneignen, ausdenken, bekräftigen, akzeptieren, gutheißen, sich abfinden mit, resignieren …

Schlage diejenigen Wörter im Wörterbuch nach, die du nicht kennst!

10 Klausurvorschläge

1. Schreiben eines Berichts

Klausuraufgabe

Du bist ein neuer Journalist des *Goldacher Tagblatts.* Deine erste Aufgabe an deiner Arbeitsstelle ist es, an dem großen Fest teilzunehmen, das Wenzel Strapinski zu Ehren seiner Braut veranstaltet.

Schreibe einen Bericht über die Ereignisse. Nutze dafür die Textstelle in der Ausgabe *Kleider machen Leute*, Reclam XL, 33,27–38,14. Verwende ggf. auch Informationen der Seiten vorher, um alle Informationen, die du für deinen Bericht brauchst, zu erhalten.

Lösungshinweise

Beantwortung der W-Fragen

1. Beantwortung der W-Fragen:

- **Wann?** Ab mittags; zur Fastnachtszeit
- **Wer?** Zwei Schlittenzüge: einer aus Goldach mit allen Beteiligten (außer dem Amtsrat), einer aus Seldwyla mit Verkleidungen zur Schneiderzunft mit dem ehemaligen Meister von Wenzel Strapinski
- **Wo?** Stattliches Gasthaus auf einer Hochebene in der Mitte zwischen Goldach und Seldwyla (je 2 Stunden Fahrtzeit); oberes Stockwerk
- **Was?** Die Seldwyler führen einen Schautanz auf zum Thema »Leute machen Kleider« und dessen Umkehrung. Sein ehemaliger Meister steht Wenzel gegenüber und stellt ihn zur Rede, dann verschwinden die Seldwyler wieder. Auch die Goldacher verlassen den Raum. Das Brautpaar bleibt zurück. Als Nettchen ihn ansieht, steht Wenzel auf und geht weinend aus dem Raum.
- Ggf.: **Wie?** Schautanz: Der Satz »Leute machen Kleider« und dessen Umkehrung wird gezeigt, etwa durch eine Tierfabel (Krähe verwandelt sich in Pfau etc.); letzter Vortragender ist in der Rolle des Wenzel Strapinski (vom Schneider zum Grafen) dessen ehemaliger Vorgesetzter. Dieser stellt Wenzel bloß und enthüllt seine falsche Identität. Alle Seldwyler gratulieren Wenzel ironisch.

Weitere Kriterien

2. Weitere Kriterien, die für einen Bericht relevant sind:

- Finden einer passenden Überschrift: z. B. »Entlarvung auf dem Verlobungsball«
- Einhalten der richtigen Reihenfolge
- Hinzufügung sinnvoller Ergänzungen
- Ggf. Einsatz von indirekter Rede
- Verwenden der Zeitform Präteritum
- Kurze und bündige Darstellung
- Sachliche Sprache
- Grammatik und Rechtschreibung

2. Schreiben einer literarischen Charakteristik

Klausuraufgabe

Charakterisiere Nettchen in *zwei Argumenten*. Nutze dafür die folgenden Textstellen. Wähle nur diejenigen Stellen für deine Zitate aus, die du für deine Thesen benötigst.

- 18,16–19,14
- 19,34–20,10
- 30,19–30,35
- 41,20–41,32
- 42,6–42,30
- 43,7–44,23
- 44,24–46,20
- 47,28–48,7
- 52,5–52,35
- 53,29–54,18
- 57,15–22

Erläuterung zur Vorgehensweise: Die Lehrkraft sollte je nach Niveau der Klasse vier bis fünf geeignete Textstellen auswählen, um die Schülerinnen und Schüler nicht mit der Wahl zu überfordern.

Lösungshinweise

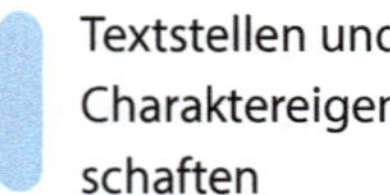

Textstellen und Charaktereigenschaften

Textstelle	Davon ausgewählt	Charakterisierung: Nettchen …
18,16–19,14	18,23–25	ist eitel / sind Äußerlichkeiten wichtig
	18,35–19,9	ist etwas oberflächlich / an Äußerlichkeiten orientiert
19,34–20,10	19,34–20,3	ist eitel / sind Äußerlichkeiten wichtig
	20,8–10	ist etwas oberflächlich / ist an Äußerlichkeiten orientiert
30,19–31,2	30,19–30,30	ist eitel / sind Äußerlichkeiten wichtig
	30,19–30,30	ist willensstark
41,20–32	41,20–32	ist willensstark
		ist mutig und aktiv
42,6–42,30	42,6–30	ist eine aktive Frau, die ihr Schicksal in die Hand nimmt
43,7–44,23	44,5–10	ist eine aktive Frau, die ihr Schicksal in die Hand nimmt
	44,17–22	ist mutig
44,24–46,20	44,24–45,8	ist eine aktive Frau, die ihr Schicksal in die Hand nimmt
	46,11 46,18–20	ist willensstark / ist eine aktive Frau, die ihr Schicksal in die Hand nimmt (Wiederholung der Frage und Ausfragen Wenzels)

<table>
<tr><td rowspan="2">47,28–48,7</td><td>47,31–33</td><td rowspan="2">ist eine aktive Frau, die ihr Schicksal in die Hand nimmt (fragt Wenzel aus, bevor sie sich endgültig zu ihm bekennt)</td></tr>
<tr><td>48,7</td></tr>
<tr><td rowspan="4">52,5–35</td><td>52,5–7</td><td>ist mutig</td></tr>
<tr><td>52,5–10</td><td>ist eine aktive Frau, die ihr Schicksal in die Hand nimmt (bewusst entscheidet sie sich für Wenzel und fasst Beschlüsse)</td></tr>
<tr><td>52,8–10 und 21–27</td><td>ist eine Realistin</td></tr>
<tr><td>52,21–28</td><td>ist willensstark und aktiv (entscheidet über ihre und Wenzels Zukunft)</td></tr>
<tr><td rowspan="2">53,29–54,18</td><td>53,29–34</td><td>ist eine aktive Frau, die ihr Schicksal in die Hand nimmt; ist mutig</td></tr>
<tr><td>54,4–18</td><td>ist willensstark / ist selbstbewusst</td></tr>
<tr><td>57,15–22</td><td>57,15–22</td><td>ist willensstark</td></tr>
</table>

Weitere Eigenschaften

Aus den Textstellen sind auch die folgenden weiteren Eigenschaften ableitbar: Nettchen ist stolz, selbstbewusst, hat das Heft / die Zügel in der Hand, hält an ihren Entschlüssen fest, ist standhaft, kritisch.

Fazit

Mögliches Fazit (erwartbar bei starken Schülerinnen und Schülern): Nettchen verändert sich von einem eher auf Äußerlichkeiten bedachten Mädchen hin zu einer selbstbewussten Frau.

Lösungshinweise zu den Arbeitsblättern

Lösungshinweise zu ARBEITSBLATT 1c (➤ S. 12)

Argumente für eine Diskussion sammeln

Im Folgenden werden lediglich einige Thesen benannt, da die Begründungen und Beispiele jeweils unterschiedlich ausfallen können und werden. Natürlich gibt es weitere Argumente, die zur Thematik genannt werden könnten.

1. Argument

	Ja, ich finde es gut, denn …	Nein, ich finde es nicht gut, denn …
Behauptung	*man hat etwas, woran man sich orientieren kann, wenn man jemanden einschätzen möchte.*	*Charakter ist wichtiger als das Aussehen.*
Begründung		
Beispiel		

2. Argument

	Ja, ich finde es gut, denn …	Nein, ich finde es nicht gut, denn …
Behauptung	*ein positiver Eindruck ist möglich, wenn man sich (schminkt und) schön kleidet, auch wenn man sich innerlich nicht gut fühlt.*	*durch Kleidung und Schminke können wahre Eigenschaften verschleiert werden.*
Begründung		
Beispiel		

3. Argument

	Ja, ich finde es gut, denn …	Nein, ich finde es nicht gut, denn …
Behauptung	*man kann deutlich machen, zu welcher (sozialen) Gruppe man gehört (gehören möchte).*	*soziale Ungleichheit wird im Äußeren deutlich, wenn man sich nur bestimmte Produkte leisten kann.*
Begründung		
Beispiel		

Lösungshinweise zu ARBEITSBLATT 2a (➤ S. 21)

Steckbrief Wenzel Strapinski

Steckbrief

Name (kannst du erst später ausfüllen):

Wenzel Strapinski

Beruf:

Schneider(geselle)

Alter (geschätzt):

20–30 Jahre

Bild:

Aussehen und Kleidung:

Sehr gepflegtes, edles, romantisches Aussehen (3,20 ff.)

Lange schwarze Haare, gepflegtes Schnurrbärtchen (3,2 f.)

Blasse, regelmäßige Gesichtszüge (3,24)

Sonntagskleidung, weiter grauer, mit schwarzem Samt gefütterter Mantel, polnische Pelzmütze (3,18 ff./30 f.)

Fingerhut in der Tasche (3,5 f.)

Persönliche Eigenschaften:

Arm (3,2)

Hungrig (3,13 ff.)

Ohne Wohnung und Arbeit (3,10 ff.)

Nicht beredt (4,7 f.) ➤ eher schüchtern, wenig redegewandt

Seine Kleidung ist ihm wichtig (3,25 f./29 ff.), will damit aber nicht betrügen oder seinen Status verschleiern (3,26 f.)

Sieht nicht aus wie ein Bettler oder armer Mann (3,16 ff.)

Ruhig (3,28)

Stolz (will sich nicht von seiner Kleidung trennen) (3,29 ff.)

Lösungshinweise zu ARBEITSBLATT 2c (➤ S. 23)

Steckbrief Wenzel – Ergänzungen

Exemplarische Lösung für S. 5–10, Fortsetzung: s. digitale Materialien

Eigenschaften/Handlungen des Schneiders	Seite/Zeile	[These]
»Blass und schön und schwermütig zur Erde blickend«; wirkt wie ein »Prinz oder Grafensohn«	*5,5 f.*	gut aussehend
»Mangel an Geistesgegenwart oder an Mut«; »ließ sich willenlos in das Haus und die Treppe hinangeleiten«	*5,11/13 f.*	naiv, brav, verwirrt, schüchtern
»und der junge Mann mag kaum den Mund öffnen vor Vornehmheit«	*5,30 f.*	schüchtern
»befand sich der Schneider in der peinlichsten Angst« »ängstlich«	*7,20 f./25*	verwirrt, ängstlich, schüchtern
»endlich fasste er sich einen Mut«	*7,26*	ängstlich, schüchtern
»Da er aber in seiner Verwirrung […] die Treppe nicht gleich fand«	*7,28 ff.*	verwirrt
»ohne Widerspruch, sanft wie ein Lämmlein, […] ordentlich«	*8,3 ff.*	brav, schüchtern
»melancholisch wie der umgehende Ahnherr eines Stammschlosses«	*8,21 f.*	unglücklich, gutaus-sehend
»doch der Schneider, von Sorgen gequält, wagte in seiner Blödigkeit nicht«	*9,5 f.*	naiv, brav
»indem er aus Gehorsam ja statt nein sagte«	*9,25*	brav, schüchtern
»aus bösem Gewissen«	*9,30 f.*	schlechtes Gewissen
»weil der arme Schneider immer zimperlich und unentschlossen aß und trank«	*10,4 f.*	brav, schlechtes Gewissen
»schlug die Stimmung des Schneiders gleichzeitig um«	*10,11 f.*	veränderte Haltung
»mit dem Mute der Verzweiflung«	*10,24*	verzweifelt
»alles schlang er ohne Ansehen der Person hinunter, nur besorgt, sein Ränzchen vollzupacken«	*10,29 ff.*	Mangel an elementa-ren Lebensgrundlagen

Lösungshinweise zu ARBEITSBLATT 3a (➤ S. 29) und *ARBEITSBLATT 3b (➤ S. 30)

Erfassen der Figurenkonstellation

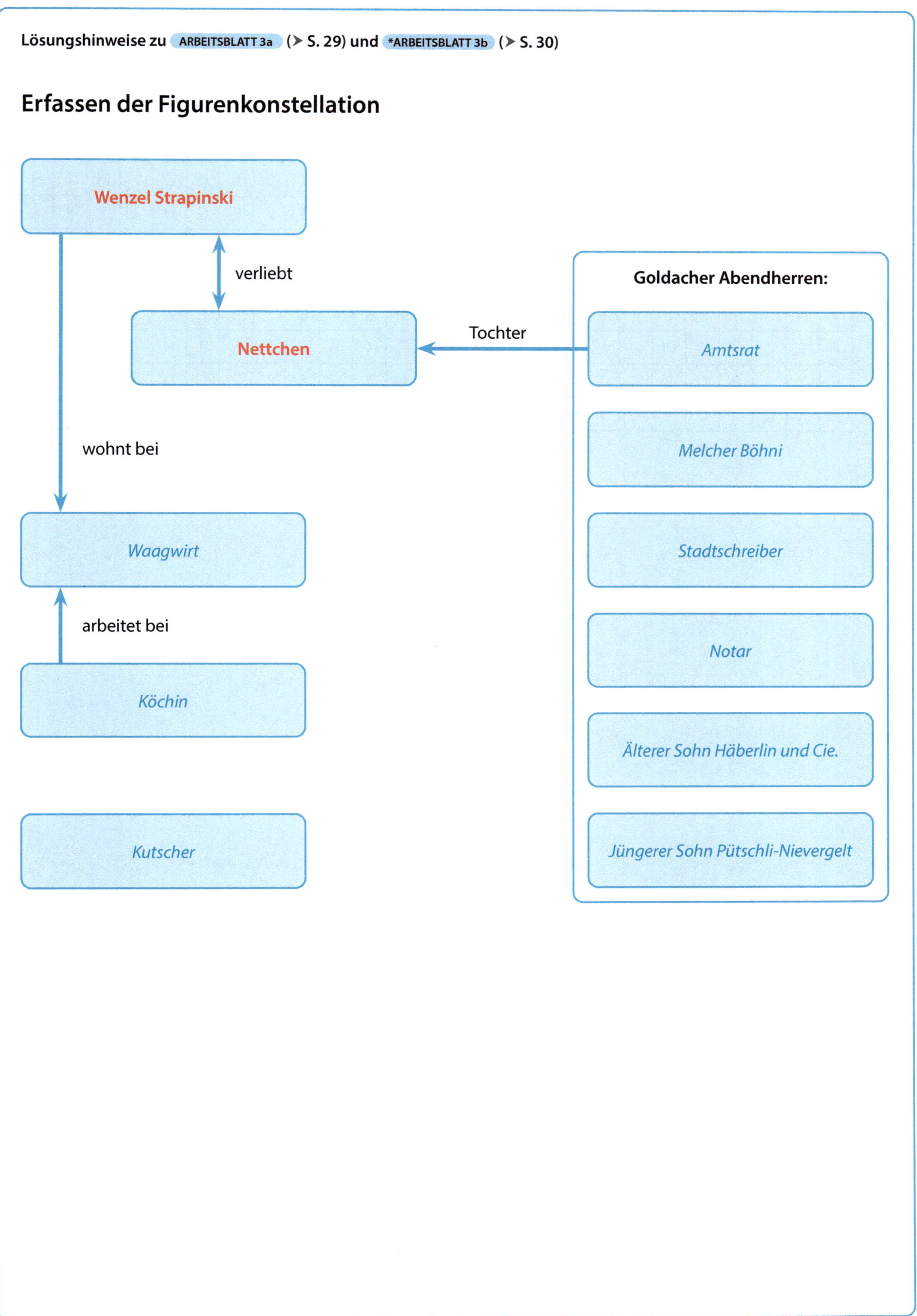

Lösungshinweise zu ARBEITSBLATT 4a, Arbeitsauftrag *5 (➤ S. 41)

Der Weg zur literarischen Charakterisierung: Textbelege finden

V	E	G	C	D	J	T	M	T	N	V	R	W	R	H	H	I	L	F	L	O	S	M	J	H	K
E	Y	A	P	G	E	L	E	H	R	I	G	J	H	M	N	T	Z	E	G	H	J	X	S	S	H
R	U	I	O	G	E	H	O	R	S	A	M	G	L	F	W	S	B	R	A	V	V	C	E	T	F
L	A	R	M	B	D	G	H	N	B	N	I	O	K	G	S	D	Q	K	J	D	G	T	R	O	G
I	W	S	T	I	L	L	F	X	C	V	K	J	M	N	F	D	S	A	H	W	S	R	T	L	E
E	S	T	Z	Q	W	U	N	E	N	T	S	C	H	I	E	D	E	N	J	H	T	S	R	Z	G
B	Y	A	P	O	E	R	T	C	V	F	R	H	G	T	G	S	D	R	E	H	C	I	S	N	U
T	X	Q	I	U	Z	G	I	T	H	C	R	Ü	F	R	H	E	F	D	U	E	I	T	E	L	H

Lösungshinweise zu ARBEITSBLATT 4b (➤ S. 42) und *ARBEITSBLATT 4c (➤ S. 43)

Der Weg zur literarischen Charakteristik: den Aufbau eines Arguments erfassen

Wenzel Strapinski ist gelehrig.	**These/Behauptung**
Das erkennt man daran, dass er schnell Sachen begreift und sie sich merken kann.	*Begründung*
Zum Beispiel lernt er schnell das Spiel um Geld, das die Abendherren veranstalten (S. 16 f.) und gewinnt immer mehr dabei: »Als man das Spiel satt bekam, besaß er einige Louisdors, mehr als er jemals in seinem Leben besessen« (17,19 ff.).	*Beispiel (Textbelege)*
Darüber hinaus wird deutlich, dass Strapinski gelehrig ist, weil er sich viele Dinge, die er sich während seiner Militärzeit angeeignet hatte, bis heute gemerkt hat und sie auch anwenden kann.	*Begründung*
Beispielsweise hat er dort gelernt, eine Kutsche zu fahren und lenkte nun die Kutsche des Pütschli in »schulgerechter Haltung, in raschem Trabe durch das Tor« (15,6 f.), »fuhr in einem prächtigen Bogen auf und ließ die feurigen Pferde auf das beste anprallen« (15,11 ff.).	*Beispiel (Textbelege)*
Des Weiteren kann man seine Gelehrigkeit daran festmachen, dass er ein gutes Gedächtnis hat.	*Begründung*
So weiß er »einige polnische Worte, sogar ein Volksliedchen auswendig« (20,16 f.), obwohl er nur »einst einige Wochen im Polnischen gearbeitet« (20,14 f.) hatte.	*Beispiel*
Wenn man sich in so kurzer Zeit Wörter einer fremden Sprache einprägt, ohne darin unterrichtet zu werden, ist man gelehrig.	*Begründung / Erklärung*
Zudem wird an der schnellen Anpassung Strapinskis an die Grafenrolle deutlich, dass er gelehrig ist.	*Begründung*
Der einfache Schneider »wandelte […] sich […]. Er lernte in Stunden, in Augenblicken, was andere nicht in Jahren« (26,27–31).	*Beispiel*
Sowohl aus dem schnellen Begreifen des Glücksspiels, dem Merken von Dingen, die er vor längerer Zeit gelernt hat, als auch der schnellen Auffassungsgabe bei der Übernahme der Grafenrolle wird klar, dass Strapinski ein gelehriger Mann ist.	*Zusammenfassung*

Lösungshinweise zu ARBEITSBLATT 5a (➤ S. 49)

Zeitungsbericht zur Ankunft Wenzel Strapinskis in Goldach

Goldacher Tagblatt

Nr. 223 — 20. November 1873

EILMELDUNG

Echter Graf in Goldach abgestiegen

Goldach. Ein besonderes Ereignis trug sich heute in Goldach zu. Ein gutaussehender Graf oder Königssohn reiste in außergewöhnlicher Pracht an. In einer herrschaftlichen Kutsche kam der in einen vornehmen Radmantel gekleidete Adelige gegen Mittag in unserem schönen Städtchen an und stieg im Gasthaus »Zur Waage« ab. Schnell sammelte sich eine große Menschenmenge an und bestaunte das ungewöhnliche Spektakel. Der Gast wirkte etwas blass von der Reise und leicht schwermütig. Auf Anfrage des *Goldacher Tagblattes* erwiderte der Waagwirt, dass er sehr stolz sei auf den hohen Besuch, dass er bislang aber noch nichts Näheres wisse. Sobald dem *Goldacher Tagblatt* weitere Informationen vorliegen, erfahren Sie als unsere Leser es als Erste.

Wann?	Wer?	Wo?
Was?	Wie?	indirekte Rede

Lösungshinweise zu ARBEITSBLATT 5b (➤ S. 50)

Bericht: die W-Fragen erfassen

Situation	WER ist beteiligt?	WO ist es passiert?	WANN ist es passiert?	WAS genau ist passiert?	WIE genau ist es passiert?
Wenzel Strapinski kommt nach Goldach 4,31–5,18	Wenzel Kutsche Waagwirt Zuschauer	Vor dem Gasthaus »Zur Waage«	An einem Mittag im November	Kutsche kommt an, Wenzel springt heraus.	Staunen über die prächtige Kutsche; Vermutung, dass der Schneider ein Prinz/Graf ist
Der Beginn des Abendessens im Gasthaus »Zur Waage« 8,24–10,7	*Wenzel* *Waagwirt* *Köchin*	*Speisesaal*	*Beim Mittagessen*	*Wenzel isst und trinkt zunächst zaghaft, was als Vornehmheit gedeutet wird.*	*Wenzel isst die Forelle mit der Gabel, nimmt nur kleine Schlückchen vom Wein.*
Die erste Begegnung mit den »Abendherren« 12,31–14,12	*Wenzel* *Stadtschreiber,* *Notar, älterer Sohn Häberlin, jüngerer Sohn P.-N.* *Böhni*	*Speisesaal*	*Nach dem Mittagessen*	*Abendherren setzen sich zu Wenzel, trinken Kaffee, bieten Zigarren an, Wenzel schweigt.*	*Die Abendherren überbieten sich gegenseitig und geben mit ihren Geschäftskontakten an.*
Die Einladung auf das Gut des Amtsrates 15,10–17,31	*Wenzel* *Abendherren* *Wirt*	*Auf dem Gut des Amtsrates*	*Wein vor dem Abendessen*	*Zunächst schaut Wenzel zu, während von Pferden und Jagd gesprochen wird. Dann leiht Böhni ihm Geld und er gewinnt beim Spiel.*	*Seltene Äußerungen von Wenzel, die aber zum Thema passen, beeindrucken die Herren außer Böhni.*
Ballbesuch und Gartenszene 29,5–30,12	*Wenzel* *Nettchen* *Junge Herren*	*Bankhaus* *Ballsaal* *Garten*	*abends*	*Wenzel verkündet seine Reisepläne.* *Nettchen tanzt zuerst mit anderen, folgt Wenzel in den Garten und fällt ihm dort um den Hals.*	*Nettchen schlägt die Tanzeinladung von Wenzel aus.* *Im Garten streckt er die Hände nach ihr aus, sie umarmen sich.*

Lösungshinweise zu ARBEITSBLATT 6b (➤ S. 61) (Seite 1 von 2)

Szenisches Spiel: Vorbereitung

GRUPPE 1

1. Was raubte Wenzel Strapinski den Schlaf?
   - *Furcht vor der Schande, als Schneider entdeckt zu werden*
   - *Das ehrliche Gewissen*
2. Auf welche Weise kommt Wenzel Strapinski zu Geld?
   - *Lotteriespiele*
3. Wie möchte Wenzel Strapinski fliehen?
   - *Er gibt eine Geschäftsreise vor.*
4. Aus welchem Grund ist Wenzel Strapinski nicht früher geflohen?
   - *Wegen Nettchen, auch wenn er meint, dass diese Beziehung unmöglich sei*
5. Warum könnte Melchior Böhni wütend auf Wenzel Strapinski sein?
   - *Er wurde von Nettchen zurückgewiesen und u. a. wegen seines Bartes verhöhnt.*
   - *Wenzel dagegen wird von Nettchen »erhört« und darf sie heiraten.*
6. Zu welchen Zwecken verwendet Wenzel Strapinski sein Geld?
   - *Brautgeschenke zur Verlobung*
   - *Fest für seine Braut (Schlittenfahrt und Ball)*
7. An welchem Ort findet die Verlobung statt?
   - *Gasthaus, das auf einer Hochebene mit schöner Aussicht gebaut wurde. Es liegt genau zwischen Goldach und Seldwyla.*

GRUPPE 2

1. Was erfährt man über Melchior Böhni?
   - *Böhni fährt wegen Geschäften nach Seldwyla.*
   - *Vermutlich organisiert er die Schlittenfahrt der Seldwyler.*
   - *Böhni fährt in einem Einspänner namens »Teich Bethesda« am Ende des Goldacher Zuges.*
2. Welche Geräusche sind während der Fahrt der Schlittenzüge zu hören?
   - *Schellenklang, Posthorntöne, Peitschenknall, Gelächter, Gesang*
3. Wie heißen die Schlitten im Goldacher Zug?
   - *Fortuna (erster Schlitten mit Strapinski und Nettchen)*
   - *Tapferkeit*
   - *Tüchtigkeit*
   - *Verbesserlichkeit*
   - *Sparsamkeit*
   - *Jakobsbrunnen*
   - *Teich Bethesda*
4. In welcher Reihenfolge fahren die Schlitten des Seldwyler Zuges sowie mit welchen Figuren und Inschriften?
   - *Göttin Fortuna (riesenhafte Strohpuppe mit Flittergold und Gazegewand, mit der Inschrift »Leute machen Kleider«)*
   - *Ziegenbock (schwarz, düster, mit gesenkten Hörnern der Fortuna »nachjagend«)*
   - *Großes Bügeleisen*

- *Riesige Schere*
- *Weitere Anspielungen auf das Schneiderwesen*
- *Letzter Schlitten (mit Kaisern, Königen, Ratsherren, Stabsoffizieren, Prälaten und Stiftsdamen und Inschrift »Kleider machen Leute«)*

GRUPPE 3

1. Auf welche Weise erfolgt der Schautanz der Seldwyler? (Gebt die Reihenfolge der Darbietungen in Kurzform und möglichst eigenen Worten an.)
   - *Sie nähen schöne und teure Kleidung und bekleiden damit arm und geknickt aussehende Figuren.*
   - *Die neu Eingekleideten richten sich auf und tanzen.*
   - *Fabeln werden vorgespielt: Krähe mit Pfauenfedern geschmückt, Wolf im Schafspelz, ein Esel in einer Löwenhaut.*
   - *Alle, die mit dem Spielen »fertig« sind, stellen sich im Halbkreis auf und sehen zu.*
   - *Ein Mann, der Strapinski ähnlich sieht, näht auf dem Boden sitzend einen Grafenrock.*
   - *Er zieht seinen alten unansehnlichen Rock aus und den neuen, teuer wirkenden an, kämmt sich und steht wieder auf.*
   - *Er wirft das Bündel mit seinen alten Sachen weg, tanzt und verbeugt sich vor allen, bis er zum Brautpaar kommt und die Musik aufhört.*
2. Wer ist der letzte Tänzer?
   - *Wenzel Strapinskis früherer Arbeitgeber*
3. Was behauptet er?
   - *Wenzel sei wegen einer »kleinen Geschäftsschwankung« gegangen.*
   - *Wenzel habe den Dienstmägden und besonders der psychisch kranken Pfarrerstochter gefallen.*
4. Wer sorgt dafür, dass alle Seldwyler die Geschichte begreifen?
   - *Melchior Böhni*
5. Wie reagiert das Brautpaar?
   - *Wenzel ist während des Schautanzes bleich und willenlos.*
   - *Beide bleiben danach unbeweglich und still sitzen.*
   - *Wenzel verlässt langsam und weinend das Lokal.*

Übersetzung der Gedanken von Wenzel Strapinski

»Das erste deutliche Gefühl […] war dasjenige einer ungeheuren Schande, gleich wie wenn er ein wirklicher Mann von Rang und Ansehen gewesen und nun infam geworden wäre durch Hereinbrechen irgendeines verhängnisvollen Unglückes« (38,35–39,5).	*Wenzel fühlt Schande, als wäre er tatsächlich reich, berühmt und angesehen und nur durch ein Unglück aus seiner Position geworfen.*
»Dann löste sich dieses Gefühl aber auf in eine Art Bewusstsein erlittenen Unrechtes; er hatte sich bis zu seinem glorreichen Einzug in die verwünschte Stadt nie ein Vergehen zu Schulden kommen lassen; soweit seine Gedanken in die Kindheit zurückreichten, war ihm nicht erinnerlich, dass er je wegen einer Lüge oder einer Täuschung gestraft oder gescholten worden wäre, und nun war er ein Betrüger geworden dadurch, dass die Torheit der Welt ihn in einem unbewachten und sozusagen wehrlosen Augenblicke überfallen und ihn zu ihrem Spielgesellen gemacht hatte« (39,5–16).	*Er fühlt sich ungerecht behandelt, da er sich bislang nichts in seinem Leben zuschulden kommen hat lassen und da er die anderen verantwortlich dafür macht, ihn in die Grafenrolle gedrängt zu haben.*
»er hasste und verachtete sich jetzt, aber er weinte auch über sich und seine unglückliche Verirrung« (39,19f.)	*Er ist unglücklich darüber, dass er falsch gehandelt hat.*

»Wenn ein Fürst Land und Leute nimmt; wenn ein Priester die Lehre seiner Kirche ohne Überzeugung verkündet, aber die Güter seiner Pfründe mit Würde verzehrt; wenn ein dünkelvoller Lehrer die Ehren und Vorteile eines hohen Lehreramtes innehat und genießt, ohne von der Höhe seiner Wissenschaft den mindesten Begriff zu haben und derselben auch nur den kleinsten Vorschub zu leisten, wenn ein Künstler ohne Tugend, mit leichtfertigem Tun und leerer Gaukelei sich in Mode bringt und Brot und Ruhm der wahren Arbeit vorwegstiehlt; oder wenn ein Schwindler, der einen großen Kaufmannsnamen geerbt oder erschlichen hat, durch seine Torheiten und Gewissenlosigkeiten Tausende um ihre Ersparnisse und Notpfennige bringt, so weinen alle diese nicht über sich, sondern erfreuen sich ihres Wohlseins und bleiben nicht einen Abend ohne aufheiternde Gesellschaft und gute Freunde« (39,21–40,3).	*Beispiele zeigen, dass es viele Menschen gibt, die ihren Beruf missbrauchen, darin nicht gut sind oder andere betrügen, sich dessen jedoch nicht schämen, sondern es sich gutgehen lassen. Als Beispiele werden angeführt:* • *Ein Fürst, der Grundstücke und Menschen zu seinem Gebrauch benutzt, ohne ausreichend dafür zu entlohnen.* • *Ein Priester, der nur halbherzig predigt, jedoch sein Gehalt und wegen seiner Stellung das Wohlwollen der Menschen genießt.* • *Ein Lehrer, der von seinem Unterrichtsstoff nichts weiß, jedoch Vorteile, die ihm sein Beruf einbringt, mitnimmt.* • *Ein Künstler, der faul ist und mit oberflächlicher Kunst sich hervortut.* • *Ein Kaufmann, der nur in eine reiche Familie hineingeboren wurde oder sich seinen Titel auf unredliche Weise erworben hat und der andere um ihr Geld bringt.*
»Scham vor der Unsichtbaren« [Nettchen] (40,8)	*Wenzel schämt sich vor Nettchen.*
»Das Unglück und die Erniedrigung zeigten ihm mit Einem hellen Strahle das verlorene Glück und machten aus einem unklar verliebten Irrgänger einen verstoßenen Liebenden« (40,9–12).	*Wenzel fühlt sich von Nettchen nicht gewollt, weil er nur ein Schneider ist.*

Lösungshinweise zu ARBEITSBLATT 8, Arbeitsauftrag 3 (➤ S. 74)

Lerntheke 1: Dramentext oder Plädoyer

Den Seldwylern gefällt die Kleidung, die Wenzel Strapinski für sie herstellt. Sie möchten stets nach der neuesten Mode gekleidet sein. Daher kaufen sie viel bei ihm ein und bezahlen das auch, denn sie können ja nichts Neues bestellen, wenn sie das Alte noch nicht bezahlt haben. Die Aussage ist ironisch zu verstehen, denn die Seldwyler geben Wenzel Strapinski indirekt die Schuld, dass er ihnen das Geld aus der Tasche ziehe, weil er immer wieder Neuheiten in Seldwyla einführe (obwohl ja niemand sie zwingt, diese zu kaufen). Offenbar gilt aber auch in Seldwyla: »Kleider machen Leute«. Wenzel und Nettchen machen sich das zunutze.